♥ **주사랑공동체를 돕는 손길들** 82쿡(좋은생각) · Carol Choi · CLF 로스쿨학생공동체 · CJE & M(주) · LG아름다운동행 · PARK HYUNGTRJ · S&J개발(주) · 강남중앙교회 · 강동권 · 강민경 · 강석민 · 강연주 · 강재호 · 강정희 · 강진숙 · 강현주 · 강현화 · 강홍식 · 고계연 · 고소영 · 고수미 · 고정미 · 관악풍성한교회 · 광성기업(주) · 구민준 · 권대일 · 권현주 · 금도연 · 기독TV · 김경아 · 김근혜 · 김대건 · 김덕림 · 김도형 · 김동레 · 김명순 · 김보경 · 김무일 · 김문상 · 김미량 · 김미연 · 김미지 · 김미진 · 김미화 · 김민석 · 김보식 · 김선미 · 김성칠 · 김세영 · 김수연 · 김수정 · 김수진 · 김수현 · 김순심 · 김승남 · 김아나 · 김영미 · 김옥자 · 김용호 · 김운진 · 김원희 · 김유진 · 김윤재 · 김은실 · 김은정 · 김장렬 · 김정수 · 김정순 · 김종석 · 김주미 · 김주영 · 김지영 · 김진 · 김진현 · 김철규 · 김태희/황원재 · 김해숙 · 김현지 · 김혜선/홍성호 · 김효선 · 김흥수 · 김희진 · **남산침례교회** · 남상기 · 남성식 · 남

은실 · 노영자 · 노은영 · 높은뜻푸른교회 · 다나와 · 대신엔지니어링 · 더라이프 · 도성교 · 동훈그룹정부길 · 동부교회 · 두레회 · 두진열 · 류상민/변지은 · 류성현 · **마야박경순** · 말씀의순종 · 메가플레스 · 명문교회 · 명애실 · 모아드림 · 목산침례교회 · 문기만 · 문성은 · 문은상 · 문화누리 · 물댄동산교회 · 민각례 · 민체엄마 · **박광훈** · 박귀임 · 박길옥 · 박민석 · 박성란 · 박수정 · 박수현 · 박순덕 · 박순미 · 박승만 · 박시은 · 박영매 · 박원희 · 박융석/이은주 · 박은순 · 박종무 · 박종범 · 박지은 · 박지현 · 박진갑 · 박찬규 · 박창섭 · 박필숙 · 박형철 · 박형태 · 배억재 · 배여명 · 배정민 · 베이비박스후 · 변다희 · 병무청 · 본동생고기 · **사랑나눔** · 사랑을나누는교회 · 산돌교회 · 서용순 · 서우정 · 서울도시가스 · 서태원/모둠 · 선민 · 섬기는자 · 성민교회 · 세상의빛교회 · 소망교회 · 손미경 · 손양성 · 송숙길 · 송재건 · 송탄하나안과 · 수차다 · 신동석 · 신선택 · 신순애 · 신인범 · 신행교회 · 신현기 · 심비연 · 심성은 · **아기천**

사사랑 · 안경희 · 안형옥 · 안화순 · 양은선 · 양의문교회 · 양천중앙교회 · 양춘이 · 양현웅 · 에리카 · 여행스케치 · 열방교회 · 영광교회 · 영동제일교회 · 예수님이름 · 예수세계교회 · 예원아빠 · 오가미 · 오륜교회 · 오른손 · 오명숙 · 오승민 · 오은선 · 오인선 · 오현주 · 오희수 · 와이즈캠프 · 외환거래 · 우리은행잠원동지점 · 우재춘/강경미 · 우창민 · 원성영 · 웰컴크레디라인 · 위부임 · 유도진 · 유미진 · 유승훈 · 유원열 · 육지수/육희수 · 윤석열 · 이경희 · 이레교회 · 이명진 · 이미애 · 이민희 · 이수연 · 이수은 · 이승희 · 이은미 · 이장희 · 이정선 · 이정순 · 이종수 · 이종희 · 이창호 · 이춘예 · 이향옥 · 이현경 · 이현덕 · 이화연 · 임문희 · 임수연 · 임정일 · **장경희** · 장권 · 장길남 · 장미희 · 장세용 · 장재혁 · 장정숙 · 장주해 · 전동희 · 전민숙 · 전병부 · 전승준 · 전영관 · 전영진 · 전유선 · 전인배 · 전진탁 · 정광식 · 정광자 · 정동옥 · 정명원 · 정세준 · 정영관 · 정영일 · 정예빈 · 정예찬 · 정웅태 · 정유석 · 정은경 · 정진주 · 정한영 · 정현미 · 정현창 · 정호권 · 조미향 · 조백호 · 조선 · 조선희 · 조성옥 · 조영민 · 조영진 · 조영해 · 조은엔젤스 · 조의빈 · (주)이원 · (주)피노디자인 · (주)허브넷 · 주님사랑 · 주님의가족교회 · 중국산동 · 지구촌교회 · 지선화 · 지예슬어린이집 · 지은영 · **차경철** · 차금숙 · 차애리 · 차종호 · 참조은 · 천성교회 · 천향숙 · 최내윤 · 최선신 · 최성경 · 최수정 · 최승건 · 최신신 · 최지은 · 최현미 · 최현석/김나나 · 최현창 · 최희경 · 축복의통로 · **통영충은교회** · 파이팅 · 팔우회 · 푸른초장교회 · **하경주** · 하늘품교회 · 하은엄마 · 한길자 · 한성미 · 한수연 · 한아름 · 한아리엘 · 한영교회 · 한혜인/백정인 · 허명호 · 허순희 · 현대에 · 홍승희 · 홍은미 · 홍종문 · 황예숙 · 황재성 · 흑석제일교회 · 희망나눔 · 희망소망이 · **주)삼화종합개발** · NISHIYAMA SHINICHI · 강동희 · 강석민 · 강석원 · 강선남 · 강신혜 · 강주은 · 강지혜 · 고광화 · 고다윗 · 고명희 · 고순영 · 고은희 · 고정암 · 곽다솔 · 구하라 · 권귀숙 · 권영은 · 권

고마워, 내게 와줘서

고마워, 내게 와줘서

이종락

좋은씨앗

고마워, 내게 와줘서

초판 1쇄 인쇄 | 2012년 7월 10일
초판 1쇄 발행 | 2012년 7월 20일

지은이 | 이종락
취재 · 정리 | 고현경
사진 | 안상현, 주사랑공동체
일러스트 | 높은뜻푸른교회 푸른나눔

펴낸이 | 신은철
펴낸곳 | 좋은씨앗
출판등록 | 제4-385호(1999. 12. 21)
주소 | (137-886) 서울시 서초구 양재동 2-30번지 덕성빌딩 4층
편집부 | 전화 (02)2057-3043
영업부 | 전화 (02)2057-3041 팩스 (02)2057-3042
www.gsbooks.org

ISBN 978-89-5874-190-9 03230

버려지는 생명을 삶으로 인도하는 것이
저의 사명입니다. 장애가 있더라도 하늘이
주신 생명을 절대 포기하면 안 됩니다.
아이가 잉태되면 다 태어나야 하고
모두 행복하게 살아야 합니다.
우리 가족을 통해 어떤 생명이든 행복하게
살 수 있음을 보여 주고 싶습니다.

사랑받기 위해 태어난 아이들과
베이비박스 이야기

서정인
:: 목사, 한국컴패션 대표

가슴이 철렁 내려앉았습니다. 버려진 아기들의 이야기라니요. 그것도 우리나라에서. 베이비박스는 신생아 한 명이 들어갈 정도로 작고, 결코 화려하지도 예쁘지도 않은 스테인리스 상자입니다. 모세를 살린 갈대상자가 그랬을 것 같습니다. 모세는 갈대상자에 담겨지지 않았다면 죽었을 생명이고, 많은 사람을 구하지도 못했을 것입니다. 그럼에도 베이비박스를 찬성하기란 쉽지 않습니다. 하지만 최선은 아니지만 최후의 방법이라는 저자의 말에 마음이 녹습니다.

예수님도 우리를 구원하기 위해 버림받으셨습니다. 주사랑공동체에서 자라난 어린이들이 작은 예수로 자라서 많은 사람들에게 희망의 빛이 되리라는 믿음이 제 마음에 깊이 자리 잡았습니다. 이제야 베이비박스를 알게 되어 죄송합니다. 그리고 하나님의 손을 대신해 어린 생명을 살려 주셔서 감사합니다.

이홍렬
:: 방송인

생명이 있는 것은 다 아름답다고 했습니다. 더욱이 가장 축복받으며 태어나 살뜰한 보살핌을 받아야 할 우리 아이들입니다. 가난하다고 해서, 장애가 있다고 해서, 미혼모의 아이라고 해서 여기에 예외가 있을 수 없습니다.

이 책에서 만난 아이들은 저마다 부모에게 버림받은 아픔이 있습니다. 하지만 어둡거나 우울하지 않습니다. 사랑받기 위해 태어난 생명이고, 그 삶 속에서 사랑을 받고 있으니까요. 연약하고 부족하지만 그래서 더 많이 사랑할 수밖에 없는 아이들의 이야기가 따뜻하게 펼쳐집니다.

신애라
:: 탤런트

세상에는 우리가 알아야 할 일들이 너무나 많습니다. 세상에는 우리가 함께해야 할 일들이 너무나 많습니다. 그 일들을 알게 된다는 것, 그리고 그 일들에 동참하는 것… 우리의 길지 않은 인생에 반드시 필요한 일입니다.

아픔은 나누면 반이 되고 사랑은 나누면 배가 된다지요. 그런 의미에서 「고마워, 내게 와줘서」 이 책을 통해 제가 알게 된 것들, 그리고 제가 느꼈던 감동을 여러분과 꼭 함께 나누고 싶습니다. 그래서 아이들의 동그란 얼굴에 피어난 웃음을 끝까지 지켜 줄 수 있게 된다면 정말 좋겠습니다.

김정화
:: 탤런트

'나라면 저렇게 할 수 있을까?' 처음 목사님을 방송에서 접하고 든 생각이었습니다. 진정 섬기는 마음이 없다면 할 수 없는 일일 것입니다. 가장 연약하고 소외된 아이들의 부모가 되어 주길 서슴지 않고, 그들을 향해 눈물로 기도하는 목사님의 가정을 보며 진심으로 회개했습니다. 그리고 진심으로 존경스러웠습니다.

부모에게조차 버림받고, 세상에 내 편이라고는 하나 없는 이들에게 "나는 온전히 네 편이야, 외로워하지마, 넌 버림받은 게 아니라 진정한 가족이 되기 위해 내게 온 거야"라고 늘 얘기해 주시는 것 같았습니다. 오늘도 여전히 세상을 향해 힘든 싸움을 하고 계시는 목사님의 사역에 진심으로 응원의 박수를 보냅니다.

임남희
:: MBC 시사교양국 PD

아이들을 공동체에서 처음 만나면 어쩌다 여기에 오게 되었을까 궁금해집니다. 얼굴 하나하나 보며 사연을 들으면 마음속에 있을 깊은 우물을 하나씩 들여다본 것 같습니다. 하지만 오늘도 차가운 바닥에서 짧은 생을 거둬 버린 아기들 소식에 몸서리치는데 바람 막아 주고 담요 깔린 베이비박스가 있다는 건 얼마나 다행스런 일인가요? 정작 보듬어야 할 사람은 포기해 버렸지만 보란 듯 살아 웃고 있는 아기들.

기적은 모두가 함께 만들고 있습니다. 누나, 이모, 삼촌이 되어 안아 주고 얼러 주는 봉사자들. 아이만큼 선하고 기쁨 가득한 얼굴로 "너를 알고 내가 행복해진 것도 기적"이라 하니 말입니다. 이 책을 읽고 나면 여러분도 그 기적에 동참하고 싶어질 것입니다.

김현철
:: 낙태반대운동연합 회장

이종락 목사는 말로만 생명을 옹호하는 게 아니라 실제 삶으로 생명의 고귀함을 대변하는 선지자입니다. 그의 인생은 '생명의 선순환'을 보여 줍니다. 자신의 아들이 평생 누워 지내야 하는 중증 장애인인데 다른 장애아이를 입양해 키우고, 우리나라 최초로 베이비박스를 설치해 아기들이 안타깝게 생명을 잃지 않도록 애쓰고 있습니다. 또 저와 함께 낙태반대운동연합 운영위원으로 열심히 활동하고 있습니다.

삶의 모든 불편 요소를 제거하면 인간이 더욱 행복해질 것이라고 착각하는 사람들이 많습니다. 그러나 고통이 생명의 소중함과 인격적 관계의 가치를 깨닫게 해준다는 진리를 이 책에서 보게 될 것입니다. 이 책이 우리 사회에서 '사람됨'을 회복하는 데 기여할 것을 기대하며 일독을 적극 추천합니다.

문희곤

:: 높은뜻푸른교회 목사

천하보다 한 생명을 귀하게 여기시는 하나님의 마음으로 아이들을 사랑으로 돌보시는 이종락 목사님의 삶은 이 시대의 그리스도인으로 살아가는 우리에게 많은 가르침을 전달합니다.

우리 교회의 청년들이 주사랑공동체의 아이들을 만나면서, 더 하나님을 사랑하게 되며, 이웃을 소중하게 여기는 모습을 보며 이 목사님의 사역이 얼마나 귀하고 선한 영향력을 끼치는지 새삼 느꼈습니다. 목사님은 삶으로 예배드리는 분입니다. 세상에선 외면당한 아이들이 목사님을 통해 하나님의 사랑을 경험하고 그분의 자녀로 자라기 때문입니다.

목사님으로 인해 더 많은 하나님의 자녀들이 자라나고, 이와같이 삶으로 예배 드리는 그리스도인들이 넘쳐나길 기도하며 목사님과 주사랑공동체의 아이들을 사랑하고 축복합니다.

권오용
:: 변호사, 한국정신장애연대 사무총장

책을 읽으며 계속 눈물을 흘렸습니다. 주사랑공동체의 베이비박스와 일상생활에 대한 이야기를 담은 「고마워, 내게 와줘서」는 오랜 가뭄으로 메마른 대지 같았던 제 마음과 영혼을 촉촉이 적셔 준 단비였습니다.

이종락 목사님과 주사랑공동체를 통해 나타난 하나님의 사랑은 친부모의 돌봄을 받지 못하고 버려져 죽게 된 아기들에게 생명과 행복을 찾아 주는 놀라운 기적이며 능력이었습니다.

목사님과 그의 사역은 태아와 영아의 생명을 경시하는 우리 사회의 풍조를 반성하고, 하나님의 사랑이 어떤 것인지 알게 해주는 산 교재라고 생각됩니다.

CONTENTS

세 번째 이야기 고마워, 내게 와줘서

아저씨라면 믿고 맡기겠수!

둘째 아이 은만이가 병원에 입원하면서 그곳이 저의 생활공간이 되어 버렸습니다. 혼자서는 아무것도 할 수 없는 은만이를 위해 24시간 곁에 있어 주어야 했기 때문입니다.

그나마 잠시 숨을 돌릴 수 있는 건 다른 병실에 있는 어린이 환자들을 찾아가 기도해 주는 때뿐이었습니다. 낯선 이의 방문에도 부모들이 그닥 거부감을 보이지 않는 건 아픈 자녀를 향한 심정이 그만큼 절박하기 때문일 겁니다.

그날도 여느 때처럼 수술을 앞둔 아이를 찾아가 기도해 주고 병실 문을 나섰습니다. 은만이가 있는 병실로 향하는데 복도 끝에서 소리가 들렸습니다.

"아저씨."

고개를 돌리니 할머니 한 분이 서 계셨습니다.

"저를 부르신 거예요?"

"그래. 내가 불렀수. 지금 바쁘시우?"

그러고 보니 전에 몇 번 뵌 적이 있는 분이었습니다. 아픈 손주를 돌보느라 몇 달째 병원에서만 생활하고 계셨습니다. 휴게실에 앉자마자 기다렸다는 듯 할머니는 이야기를 꺼내셨습니다.

"내가 부여 사람인데, 서울에는 아는 사람도 없어요."

"병원에만 있기 답답하시겠어요."

"의사 선생님 얘기가 뭔 소린지 도통 모르겠어. 내가 늙은이라 들어도 맨날 깜빡허구."

할머니는 긴 한숨을 뱉으셨습니다. 그러고 나서 저를 빤히 쳐다보셨습니다.

"아저씨, 혹시 목사유?"
"아니에요. 그냥 집사예요."
"애들 기도해 주러 다니길래 목사인 줄 알았지."

신학 공부를 하기 전이었습니다. 간혹 환자들 중에 저를 목사라고 부르는 사람도 있었습니다. 할머니가 먼 발치에서 그걸 보셨나 봅니다.

"그래, 아저씨 아들이 많이 아프다며?"
"네, 전신마비라서 계속 누워 있어요. 어려운 고비 여러 번 넘겼어요."
"그럼 그 병에 대해서 잘 알겠네?"
"아무래도 다른 사람보다는 많이 알지요."
"우리 외손녀도 아저씨 아들처럼 누워만 있는데."

"그래요? 할머니 상심이 크시겠어요."

"나보다 어린 게 불쌍하지. 돌볼 사람도 이 늙은이뿐인데."

할머니 말끝이 흐려지더니 눈가가 촉촉해졌습니다. 시집간 딸이 어느 날 불쑥 아이를 맡기고 갔다는 겁니다. 오죽하면 시골서 품 팔아 먹고 사는 어미한테 자식을 맡길까 싶어 거둬 키우고 있는데, 자주 온다던 딸은 왕래는커녕 연락마저 끊긴 지 몇 해째라고 했습니다.

"애가 첨엔 지 엄마한테 데려다 달라고 울고불고 했어. 그래도 어르고 달래서 내가 데리고 살았지. 그런데 어느 날 마당에서 놀던 아이가 안 보이는 거야. 불러도 대답이 없고. 우리 집이 코딱지만 해서 웬만하면 다 보이거든. 개가 하도 짖어서 가보니 애가 변소에 빠졌지 뭐야."

할머니의 목소리가 갑자기 커졌습니다.

"머리까지 들어가고 손만 위에서 까딱이더라구. 사람 살리라고 소리소리 질렀지."

"많이 놀라셨겠어요."

"애를 꺼내서 물 바가지 퍼붓고 병원으로 싣고 갔어. 애가 축 늘어지더라구. 내가 얼마나 놀랐는지 이장님이 준 청심환을 먹어도 소용이 없었어. 계속 덜덜 떨리기만 하구."

"저도 그랬어요. 제 아들도 숨이 넘어갈 뻔한 적이 많았거든요."

"애 목에 구멍을 뚫습디다. 숨을 제대로 쉬려면 그래야 한대. 내가 뭘 아나? 병원에서 하는 대로 믿고만 있었지."

"저희 아들도 목에 구멍 있어요."

"그래?"

할머니 눈이 동그래졌습니다.

"가끔 간호사가 들여다보고 구멍에다 호스를 넣었다 뺐다 그러더라구."

"가래를 빼주는 거예요."

"근데 어느 날, 잠깐 나갔다 와보니 애가 눈도 풀리고 몸이 축 늘어진 게야. 간호사가 뛰어와 보더니 의사를 데려오더라구. 눈 뒤집어 보고, 애를 흔들고 정신없었지. 기계도 끌고 와서 막 수선을 떨더니 얼마 만에 애가 깨어났어. 그런데 전 같지가 않아. 아주 맹해졌어."

아마 뇌에 산소 공급이 안 돼 전신마비 장애를 갖게 된 것 같았습니다. 순간 우리 은만이 숨이 멈추었던 그때가 떠올랐습니다.

"이제부터 할머니 손녀딸 위해서도 기도해 드릴게요."

"아저씨, 아니 집사 양반."

"네? 그냥 아저씨라고 부르셔도 돼요."

"아픈 애들 위해 기도도 해주고, 예수 믿으라고 참 열심히 돌아다니던데. 아저씨는 그게 좋아서 하는 일이유?"

"그럼요. 예수님 믿으면 소망이 생기고 위로를 받을 수 있어요. 예수님도 아프고 가난한 사람들을 사랑하셨거든요."

"그럼 나도 예수 한번 믿어 볼까?"

"그러시면 좋지요!!"

할머니 말씀에 귀가 번쩍 틔었습니다.

"근데 아저씨."

"네?"

"예수 믿을 테니까, 이 늙은이 부탁 하나만 들어줄라우?"

"뭔데요?"

"아저씨가 우리 손녀딸을 좀 맡아 주면 안 될까? 내가 요 며칠 지켜봤는데 아저씨라면 우리 애를 믿고 맡길 수 있을 것 같아."

"할머니 손녀딸이요?"

"응. 지금 당장 그러라는 게 아니구. 내가 죽은 다음에. 그래야 이 늙은이가 맘 편히 눈을 감을 수 있을 것 같아."

"… 예, 그럴게요. 할머니께서 예수님 믿으신다는데 당연히 그렇게 해야지요."

육체가 아픈 사람들을 위해 매일 병실을 돌아다니던 저였습니다. 아픈 영혼을 끌고 스스로 찾아와 예수 믿겠다는 할머니를 마다할 이유가 없었습니다.

저는 그 자리에서 할머니의 손을 잡았습니다. 할머니도 제 손을 잡고 흔들며 웃으셨습니다. 주름진 얼굴이 확 펴질 정도로.

"근데… 사실… 나… 죄 많이 지었어. 욕도 잘 하고 싸움도 많이 했어."

그 말을 하는 할머니 목소리가 작아졌습니다.

"저도 그랬어요. 예수 믿기 전에 제 별명이 쌈닭이었거든요."
"이렇게 좋은 양반이?"
"이 세상에 죄 없는 사람 한 사람도 없어요. 그런데 예수님이 십자가에서 피 흘려 돌아가셔서 죄값을 대신 치러 주셨잖아요. 이 예수님을 마음으로 받아들이고 믿으면 하나님의 자녀가 되고, 죽어서도 천국에서 영원히 살 수 있어요."
"그것만 믿으면 되는 거유?"

"네."

복음을 듣고 할머니는 그 자리에서 영접기도까지 하셨습니다.

"아저씨도 약속 꼭 지켜야 해요."

거듭 당부하시는 할머니께 연락처를 적어 드렸습니다. 그 후로도 할머니와 종종 만나 예수님 이야기를 전했습니다.

은만이가 퇴원을 하면서 할머니와도 자연스레 만남이 끊어지게 되었습니다. 그리고 며칠 되지 않아 병원에서 전화가 왔습니다. 할머니가 돌아가셨다는 연락이었습니다. 할머니는 당신 삶이 얼마 남지 않았음을 미리 알고 계셨던 것 같았습니다. 어쩌면 아이 때문에 지금까지 생명줄을 억지로 붙들고 계셨던 건 아닐까요?

"아저씨라면 믿고 맡기겠수."

할머니가 하셨던 말씀이 귀에 맴돌았습니다. 할머니가 예수님 믿도록 하기 위해 쉽게 했던 약속이었는데, 그것이 예상치 못하게 엄청난 부담으로 돌아왔습니다. 하나님이 왜 이런 일을 제게 허락하셨는지 궁금했습니다. 어쩌면 그건 할머니의 영혼을 얻기 위한 저의 부름이 아니라 저의 삶을 얻기 원하시는 하나님의 부르심이었나 봅니다.

그 자리에서 무릎을 꿇었습니다. 할머니와의 약속을 지켜야 하기도 했지만, 제 마음의 문을 두드리고 부담을 갖게 하시는 하나님을 모른 체 할 수 없었습니다.

아내와 상의도 못하고 병원에서 아이를 데리고 왔습니다.

"여보, 이 아이를 이제부터 우리가 돌봐야 해요. 미리 당신하고 의논을 하지 못해 미안해요. 내가 할머니하고 약속을…"

제 이야기를 들은 아내가 아이를 가만히 끌어안았습니다. 그렇게 '상희'가 우리 집에 처음 온 그날, 주사랑공동체 사역의 씨앗이 뿌려졌습니다.

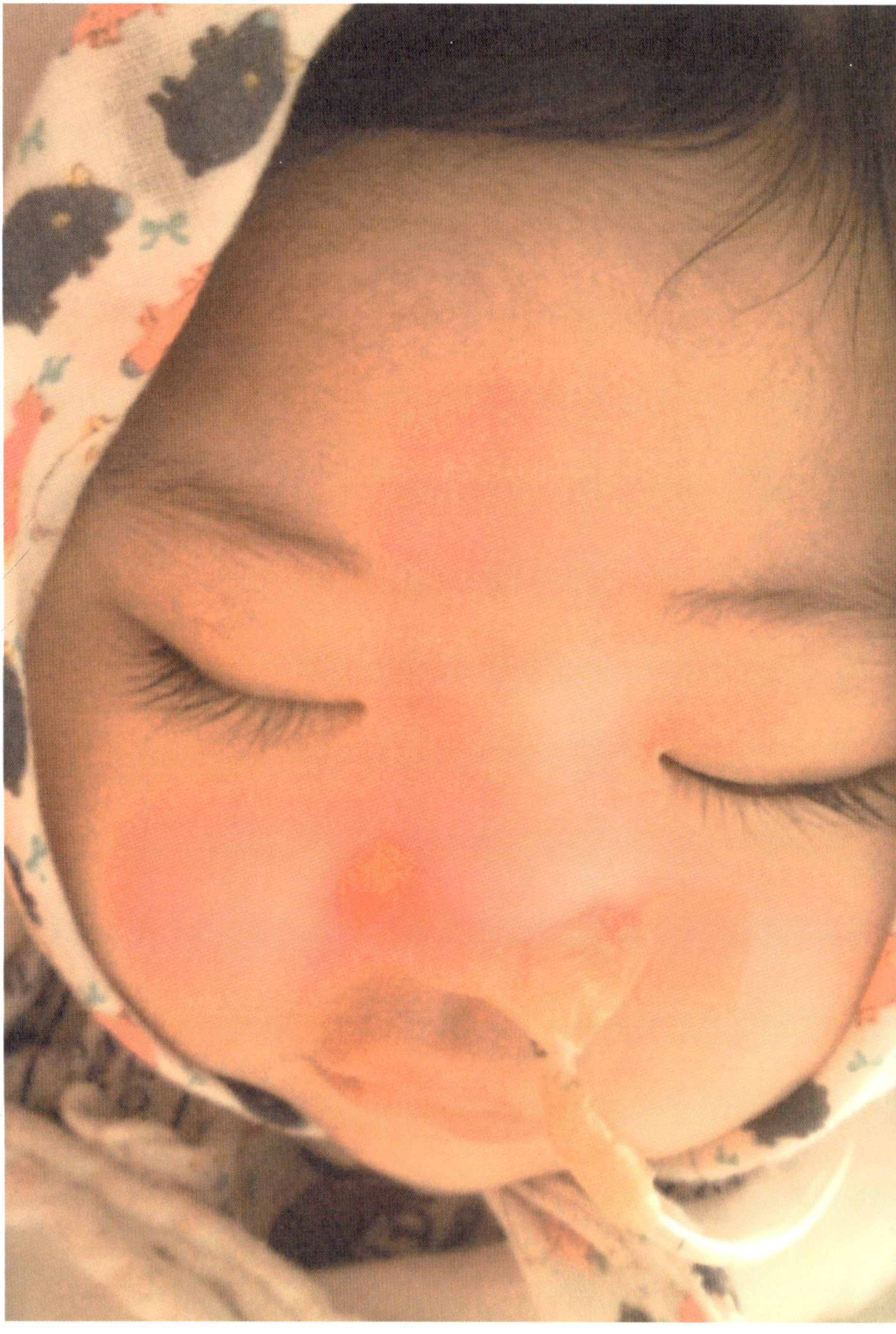

생명

생명, 살리고 봐야죠

어떤 생명이라도 사랑받을 자격이 있습니다.
어떤 장애 아이라도 행복할 권리가 있습니다.
베이비박스는 누구에게나 열려 있는
생명의 문 입니다. 마지막 생명줄입니다.

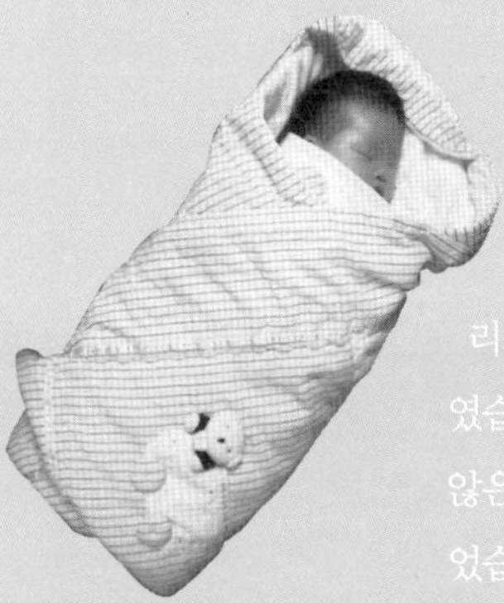

전등불 아래로 아이의 모습이 드러났습니다. 배냇저고리가 커다란 이불처럼 보일 만큼 무척 자그마한 여자 아이였습니다. 태어난 지 사흘이나 지났을까? 배꼽이 떨어지지 않은 채였고 병원에서 출산한 듯 탯줄 끝에 집게가 집혀 있었습니다. 게다가 외모가 남들과 조금 달랐습니다.

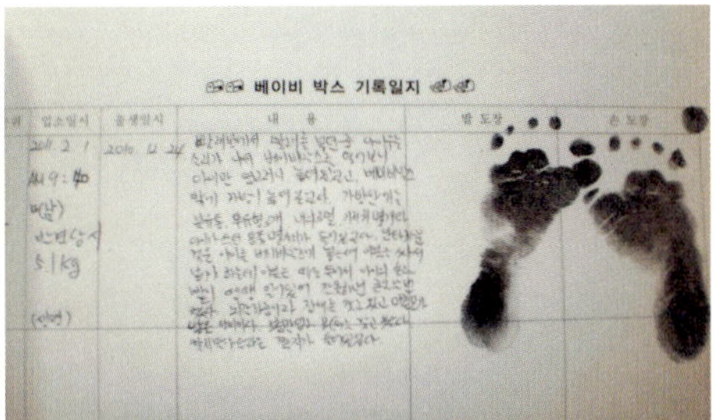

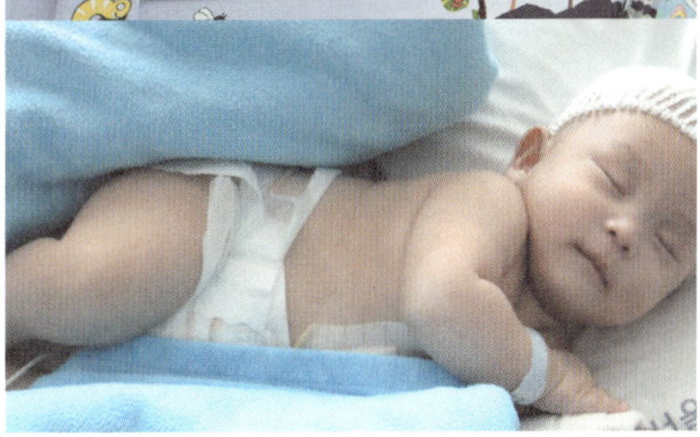

맨위 베이비박스에 아기가 들어오면 기록 일지를 씁니다. 입소 날짜와 시간, 당시 정황, 아이의 출생일, 건강 상태 등을 쓰고 손도장과 발도장을 찍습니다. 중간 베이비박스가 설치된 베란다 쪽 외벽. 손잡이를 당겨 아이를 베이비박스에 넣으면 집 안에 벨이 울리도록 장치했습니다. 맨 아래 장애 때문에 태아 때부터 목숨의 위협을 받을 뿐 아니라 태어난 후에도 소외받는 아이들을 우리는 더욱 보살피고 사랑해야 합니다. 뇌갈림증을 가지고 태어난 생명이의 수술 직후 모습.

굴비상자에 담긴 아기

꽃샘추위가 아직 남아 있던 2007년의 어느 봄날. 아들 은만이를 간호하느라 그날도 여느 때처럼 밤늦게까지 깨어 있다가 새벽녘이 되어서야 새우잠을 청했습니다. 얼마나 지났을까? 날카로운 전화벨 소리에 눈을 떴습니다. 은만이가 잠에서 깰까 봐 어둠 속을 더듬어 얼른 전화기를 들었습니다.

"여보세요?"

전화기 너머에서는 아무런 말이 없다가 긴 한숨소리가 들려 왔습니다.

"여보세요? 말씀하세요."

"… 목사니임…"

젊은 남자의 목소리였습니다. 작고 낮은 목소리의 남자는 그 한마디를 내뱉고는 다시 침묵했습니다. 보통 밤늦게 전화를 걸어 오는 사람들은 여건 때문에 아이를 더 이상 키우기가 힘들어서 고민하는 젊은 부모나 출산을 앞둔 미혼모들이 대부분입니다.

"네. 듣고 있으니까 진정하고 말씀하세요."

"…죄…송…합니다. 아기를 교회 앞에 데려다 놨습니다."

"네? 아이를요? 지금이요?"

"아니오. 한 20분 됐습니다. 이 다음에… 이 다음에…"

남자는 무슨 말을 하려는 듯하다가 전화를 끊었습니다.

불을 켜고 시계를 보았습니다. 새벽 3시. 느낌이 이상했습니다. 밤늦은 상담 전화 말고 이런 식의 전화는 그날이 처음이었으니까요. 대충 옷을 걸치고 서둘러 밖으로 나갔습니다. 새벽 공기가 여전히 차가웠습니다. 그새 잠에서 깬 아내도 뒤따라 나왔습니다.

가로등이 희미하게 비치는 대문 앞에는 네모난 종이상자와 까만 비닐봉지가 나란히 놓여 있었습니다. 상자에는 '◯◯굴비' 라는 큰 글자가 박혀 있었지만, 그 안에 무엇이 있을지 도무지 상상이 가지 않았습니다. 아기가 들어가기에 상자는 너무 납작하고 작아 보였으니까요.

굴비상자를 조심스레 열었습니다. 옅은 비린내가 풍겼습니다. 그 안에 정말 아기가 있었습니다. 배냇저고리와 얇은 담요에 싸인 아기는 미동조차 없었습니다. 숨을 쉬고 있기는 한 건지. 덜컥 겁이 났습니다. 급한 마음에 상자째 끌어안고 안으로 들어갔습니다.

"어머나, 깜짝이야!"

옆에서 비닐봉지를 들고 들어오려던 아내가 소스라치게 놀라며 손가락으로 어둠 속을 가리켰습니다. 파란 눈동자 두 개가 보였습니다. 차가운 밤공기를 피해 대문 옆 차고에 숨어 있던 길고양이가 어둠 속에서 우리를 지켜보고 있었던 겁니다.

방에 도착하자마자 상자를 열어 아기를 꺼냈습니다. 방바닥에 뭔가가 떨어졌습니다. 손바닥만한 메모지였습니다.

죄 송 합 니 다.

급하게 휘갈겼는지, 아니면 고민 끝에 힘들게 써내려 갔는지 글씨가 모두 흔들려 있었습니다. "죄송합니다." 이 한 마디 말고는 아이의 이름이나 태어난 날에 관한 아무런 내용도 적혀 있지 않았습니다.

전등불 아래로 아이의 모습이 드러났습니다. 배냇저고리가 커다란 이불처럼 보일 만큼 무척 자그마한 여자 아이였습니다. 태어난 지 사흘이나 지났을까? 배꼽 탯줄이 떨어지지 않은 채였고 병원에서 출산한 듯 탯줄 끝에 집게가 집혀 있었습니다. 게다가 외모가 남들과 조금 달랐습니다.

납작한 얼굴에 위로 치켜진 눈꼬리, 둥그렇게 말린 귀하며 작은 코와 입. 다운증후군 아이였습니다. 숱이 얼마 되지 않은 머리카락은 헝클어져 있고, 얼굴 여기저기가 울긋불긋했습니다. 순간 밖에서 눈이 마주쳤던 길고양이가 떠올랐습니다. 혹시 해코지를 당해 긁힌 건 아닐까 하는 걱정이 들었습니다.

아이의 조그만 얼굴을 쓰다듬었습니다. 다행히 긁힌 자국은 아니었습니다. 순간 아이가 울음을 터트렸습니다. 다시 이불로 감싸 안고 흔들어 주니 울음이 잦아들었습니다.

잊고 있던 까만 비닐봉지를 열어 보았습니다. 분유 한 통과 우유병 하나, 기저귀 다섯 개가 들어 있었습니다. 아이를 떠나보내는 어느 슬픈 엄마의 마지막 선물이었나 봅니다.

어느 부모인들 제 자식을 이런 식으로 버리고 싶었을까요. 버려진 남의 자식을 바라보는 낯선 이의 마음도 이렇듯 편치 않은데 그 부모의 마음은 오죽했을까요. 문 앞에 아이를 내려놓는 순간까지 망설였겠지요.

저도 그랬습니다. 아들이 장애를 갖게 되었다는 사실을 알았을 때는, 낙심이 커서 아무것도 인정하고 싶지 않았습니다. 솔직히 감당할 자신이 없어 겁도 나고, 모든 걸 포기할까 하는 생각도 들었습니다. 그래서 아이를 버릴 수밖에 없는 부모의 심정을 어느 정도는 알 것 같습니다.

"배고팠지? 맘마 먹자."

아내가 젖병에 분유를 타서 아이의 입에 물렸습니다. 아이는 배가 고팠는지 젖병을 힘껏 빨아 댔지만 우유가 쉽게 줄어들지 않았습니다. 다운증후군 아이들은 심장과 폐가 약해서 빠는 힘이 약하기 때문입니다. 그러니 우유 먹는 것조차 힘겹습니다. 코에 땀이 날 정도로 한참이나 우유를 빨아 대던 아이는 동틀 무렵이 되어서야 천진한 얼굴로 잠이 들었습니다.

아이들이 공동체에 들어올 때마다 기도를 합니다.

그날 새벽에 예고 없이 찾아와 우리 곁에서 곤히 잠든 아이를 위해서도 우리는 기도를 드렸습니다.

기도 드릴 때는 공통적으로 아뢰는 제목들이 있습니다. 무엇보다 어린 영혼들을 우리에게 맡기신 하나님께 감사를 드립니다. 그리고 우리 품에 온 아이들 모두가 건강하게 자라 주기를 바라며 기도를 드립니다. 영적으로 건강한 아이가 되기를 위해서도 기도합니다. 우리는 두 번째 아빠와 엄마라는 이름으로 아이들을 키운다고 하지만 늘 부족함뿐입니다. 대신 아이들 하나하나의 모든 사정을 세밀히 살피시는 하나님이 이 아이들의 진짜 부모가 되어 주시고 평생을 책임져 주시기를 위해서 기도합니다.

공동체에 아기들이 하나 둘 들어올 때마다 드렸던 이 기도를 그날 새벽, 아내와 저는 열세 번째로 드렸습니다.

벌써 5년이 흘렀습니다. 굴비상자에 담겨 우리 곁으로 온 갓난아기는 '온유'라는 이름을 갖게 되었습니다. 아빠, 엄마, 오빠, 동생들 곁에서 온유는 올해로 여섯 살이 되었습니다.

난곡동 골목에 우리나라 최초로
베이비박스가 설치됐습니다.
하나님이 이 갈대상자를 통해
누구를 살리실지 궁금했습니다.

갈대상자를 만나다

산부인과 병원. 특별한 경우가 아니라면 세상에 태어난 아기는 이곳에서 엄마 아빠와 처음으로 인사를 나눕니다. 출산을 앞둔 모든 엄마 아빠들도 이 순간을 인생에서 가장 행복한 순간으로 맞이하길 기대할 겁니다. 그런데 그곳에서 만남과 동시에 이별을 해야 하는 아기들이 있습니다. 어떤 아기는 엄마의 얼굴도 보지 못하고 이별을 하기도 합니다. 장애를 가지고 태어났다는 이유 때문이지요.

엄마 품에 안겨 젖 한 번 물지도 못하고 외면당한 채 사람들의 기억 속에서 사라지는 아기들. 병원을 통해 우리 집에 온 아이들은 그나마 나은 편입니다. 아이의 형편과 몸 상태를 미리 파악할 수 있으니까요.

그런데 새벽녘 집 앞에서 아기가 발견된 뒤로는 고민이 되기 시작했습니다. 굴비상자에 담겨 대문 앞에서 발견된 아이는 그 부모가 우리 집이 장애인공동체라는 사실을 알고 놓고 간 것이 분명했습니다.

이런 일이 또 생길 수 있다는 게 우려스러웠습니다. 행여 아기를 제때 발견하지 못한다면 어떻게 될까요? 몹시 덥거나 추운 날 새벽에 이런 일이 또 일어날까 걱정이 됐습니다. 어떤 일이 일어나더라도 아기를 안전하게 보호해 줄 장치, 그게 필요했습니다.

마지막 주 금요일, 철야를 마치고 동역자들이 공동체 사역에 관한 회의를 하기 위해 모였습니다.

"이번 주에 식구가 또 한 명 늘었습니다."

굴비상자에 담겨 온 아기 얘기를 했습니다.

"지금까지는 공동체 아이들을 섬기는 것만 고민했는데… 이런 방법으로 아이들이 우리에게 올 수 있다는 사실을 간과했습니다. 대책이 필요합니다."

모두들 공감했습니다.

"아무래도 공동체 밖에 안전한 장소를 마련해야 할 것 같습니다. 이 문제를 놓고 하나님께 지혜를 구합시다."

마지막 주 금요일 밤마다 기도와 의논이 계속 됐습니다. 아침까지 끝나지 않은 적도 많았습니다.

맨 처음엔 작은 방을 생각했습니다. 그러면 최소한 길고양이가 접근은 못할 테니까요. 하지만 그 공간을 어디에 마련하느냐가 문제였습니다. 활용할 수 있는 공간을 굳이 찾자면 주차장밖에 없었습니다. 하지만 그곳은 승합차 한 대가 겨우 들어갈 만한 공간이라 방을 뺄 여유가 없었습니다.

나무상자는 어떨까 생각해 보았습니다. 방보다는 훨씬 만들기 쉽고 좁은 공간에도 설치가 가능했습니다. 아기가 누울 수 있을 만큼 작게 만들면 될 것 같았습니다. 눈과 비를 피할 수 있게 덮개도 달고요. 그런데 상자에 덮개를 만들려니까 관이 연상되는 게 아닙니까? 이곳에 아기를 넣는 사람이 본다면 찜찜할 것 같았습니다. 별로였습니다.

안전한 걸로 치면 병원 인큐베이터가 적격이었습니다. 인큐베이터를 활용하고 싶었습니다. 아는 의사를 통해 슬쩍 물어봤습니다만 구입 비용이 만만치 않았습니다. 미숙아 특수시설이라서 개인 용도로 사용하는 것도 조심스럽다고 했습니다. 별별 궁리를 해도 방법이 떠오르지 않았습니다. 마음이 무거웠습니다.

"그래. 바로 이거다!"

어느 날 신문을 읽다 말고 저도 모르게 무릎을 쳤습니다. 체코의 한 병원에 버려지는 아기를 보호하는 장치가 있다는 기사였습니다.

인터넷을 뒤져 '아기를 보호하는 장치' 라는 제목의 동영상을 찾아냈습니다. '베이비박스' 라고 쓰여 있는 상자를 보는 순간 정신이 번쩍 났습니다. 체코의 가톨릭 병원 외벽에 설치된 아기 상자더군요. 아기가 들어오면 병원으로 신호가 가서 담당 간호사가 아기를 데리러 오기 때문에 아주 안전한 시스템처럼 보였습니다.

짧은 영상이었지만 보는 내내 가슴이 뛰었습니다. 그동안의 고민이 한순간에 날아가는 것 같았습니다.

베이비박스 담당자에게

인터넷 동영상으로 베이비박스를 보았습니다.

버려지는 아이들을 보호하는 베이비박스가

한국에도 필요합니다.

우리가 수입하고 싶은데 가능한지 알려 주세요.

기술 제휴를 하거나 후원해 주셔도 좋을 것 같습니다.

연락을 기다리겠습니다.

그 병원의 메일 주소를 수소문해서 이메일을 보냈습니다. 몇 차례 보냈지만 6개월이 지나도 답이 없었습니다. 계절은 어느새 가을을 지나가고 있었습니다. 날은 쌀쌀해지고 제 속은 까맣게 타들어가고 있었습니다. 그런 와중에 2009년 12월, 아기가 길거리에서 사체로 발견되었다는 뉴스를 접했습니다.

마음이 조급해졌습니다. 동영상을 통해 얻은 정보를 바탕으로 우리가 직접 제작해 보기로 했습니다. 동역자들과 함께 베이비박스 설계도를 만들었습니다. 무작정 영등포에 있는 철공소를 찾아가 설계도를 보여 줬습니다.

"상자를 만들려고 하는데 이대로 가능할까요?"

"글쎄요. 이런 걸 만들어 본 적이 없어서…."

담당자는 설계도를 보면서 이게 뭐냐는 듯 고개를 갸웃거렸습니다. 아기들을 안전하게 보호하는 장치라고 설명했습니다.

"그럼, 이대로 만드는 건 가능한가요?"

"시간이 좀 걸려서 그렇지 만들 수는 있을 것 같습니다."

"여기서 해주실 수 있나요?"

가능하다는 대답이 돌아왔습니다. 우리나라 기술로도 충분히 만들 수 있다고 했습니다. 철공일을 하는 친구 집사를 불렀습니다. 베이비박스가 왜 필요한지 설명하면서 설계도를 보여 주고 시공을 부탁했습니다.

"여기쯤이 좋겠어."

외벽을 꼼꼼히 살펴보던 친구가 베란다와 연결된 곳을 가리킵니다. 제가 생각했던 곳이었습니다.

"스테인리스 상자가 제일 나을 것 같은데?"

벽에 붙어 있으면 눈비를 맞을 수 있어 녹슬지 않는 스테인리스로 재질을 정했습니다.

"자네만 믿네. 더 추워지기 전에 만들어 주었으면 해."

며칠이 지나고 친구가 사람 몇 명을 데리고 나타났습니다.

왼쪽 베란다와 연결된 외벽을 뚫고 자체 제작한 스테인리스 상자를 벽에 끼워 넣었습니다. 삭막해 보이던 베이비박스에 봉사하러 온 청년들이 희망의 그림을 그려 주었습니다. 오른쪽 위 내부에는 조명과 난방을 설치하고 바닥에 두툼한 수건을 깔았습니다. 오른쪽 아래 바깥쪽에서 문을 열고 아기를 넣으면 벨이 울려 안쪽에서 알 수 있도록 했습니다.

"드르륵 드르륵"

공동체 외벽부터 뚫었습니다. 그리고 자체 제작한 스테인리스 상자를 벽에 끼웠습니다. 상자 내부에 조명과 난방을 설치하고 바닥에 두툼한 수건도 깔았습니다,

1년 넘게 고민해 만든 베이비박스.

가로 70센티 × 세로 40센티 × 높이 50센티의 갈대상자.

보통 신생아 한 명이 넉넉하게 누울 수 있는 공간입니다.

외벽으로 난 바깥쪽 문을 통해 아기를 넣은 후 문을 닫으면 집안에 벨이 울립니다. 그러면 집 안쪽으로 향한 문을 열고 아기를 꺼내 안전하게 옮길 수 있습니다.

혹여 아기를 두고 가려는 부모가 죄책감을 느껴 아기를 박스에 넣지 않고 어두운 골목 구석에 두고 갈까 봐 일부러 대문 옆 골목으로 들어가야만 보이게 만들었습니다.

2009년 12월. 난곡동 골목에 우리나라 최초로 베이비박스가 설치됐습니다. 하나님이 이 갈대상자를 통해 누구를 살리실지 궁금했습니다.

아기를 버리는 곳이라니요

"하나님, 장애를 갖고 태어났다는 이유로 버림받고 생명의 위협을 겪는 안타까운 일들이 생기지 않게 해주세요. 이 땅에서 부모 손에 의해 버려지는 아이들이 사라지게 해주세요. 베이비박스에 아기가 들어오지 않게 해주세요. 정말로 생명이 위험한 아기가 생길 때만 이 문이 열리게 해주세요. 생명의 주관자이신 하나님, 문을 열고 닫는 일은 주님이 해주세요."

베이비박스를 만들고 나서 처음으로 드린 기도입니다. 베이비박스를 만들었지만 매일 밤마다 그 문이 열리지 않기를 기도했습니다. 그게 가장 좋은 일일 테니까요. 그럼에도 불구하고 위급한 한 생명을 살려야만 한다면 그 일을 위해 이 베이비박스가 마지막 수단으로 사용되기를 간구했습니다.

〈국민일보〉를 통해 베이비박스가 처음으로 기사화 되었습니다. 그 후 TV 방송과 다른 신문사 기자들이 취재를 해갔습니다. 보도가 계속해서 나가자 집 근처로 사람들이 몰려들기 시작했습니다.

"띵동 띵동."

베이비박스의 벨이 울려 놀란 가슴으로 나가 보면 호기심으로 문을 열어 본 구경꾼인 경우가 많았습니다.

"저기 있네. 베이비박스."
"진짜네?"
"아기 버리는 곳이 여기구나."

사람들의 반응 때문에 혼란스러웠습니다. '아기를 버리는 곳이라니.' 기자들과 인터뷰 할 때마다 저는 분명하게 말했습니다.

"아기는 부모가 키우는 것이 제일 바람직합니다. 그런데 장애아라서, 피치 못할 사정으로 아기를 키울 수 없게 되었을 때, 아이의 생명을 포기하지 않기를 바라는 마음에서 만든 것이 베이비박스입니다. 결코 아기를 버리는 곳이 아닙니다. 아무 데나 버려져 목숨을 잃을 수 있는 아기들을 보호하기 위해 만든 구조 장치란 말입니다. 최종적으로는 베이비박스가 필요 없는 세상을 만드는 것이 저의 간절한 소망이기도 하고요."

굴비상자에 담긴 아기 이야기를 하며 진심을 담아 인터뷰에 응했습니다. 그런데 제가 한 얘기의 본질은 사라지고 호기심을 자극하는 내용만 실리곤 했습니다.

분명히 알려 준 베이비박스의 크기 등 관련 정보도 제각각이었습니다. 처음엔 너무 안타깝고 상처도 받았습니다. 하지만 그렇게라도 생명의 소중함에 대해 알리다 보면 언젠가 진심은 통할 것이라고 믿었습니다.

베이비박스를 설치하고 나서 저는 우리 집 불침번이 되었습니다. 언제 벨이 울릴지 몰라 소머즈처럼 귀를 쫑긋 세우고 있어야 했습니다. 다행히 겨울 동안 베이비박스의 문은 열리지 않았습니다.

"띵동 띵동."

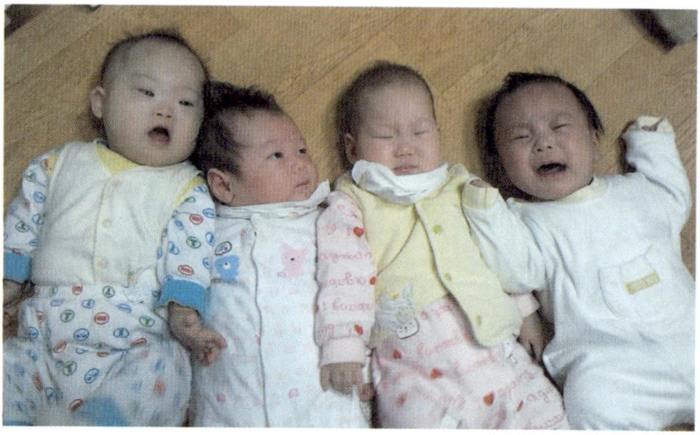

피치 못할 사정으로 아기를 키울 수 없게 되었을 때, 아이의 생명을 포기하지 않기를 바라는 마음에서 만든 것이 베이비박스입니다. 결코 아기를 버리는 곳이 아닙니다.

어느 날 점심 식사를 막 끝내고 일어서는데 벨이 울렸습니다.

시계를 보니 2시 40분. 대낮이니까 또 지나가는 구경꾼이려니 했습니다. 혹시나 하고 내려갔다가 속은 적이 한두 번이 아니었습니다. 이번에도 내려갈까 말까 잠시 고민했지만 그래도 확인은 해봐야 할 것 같았습니다.

베이비박스의 문을 열었습니다. 아기가 있었습니다. 순간 온몸의 기운이 빠져나가는 것 같았습니다. 예상치 못한 때에 베이비박스를 통해 들어온 아이를 보고 있자니, 심장이 방망이질을 해댔습니다. 팔을 뻗어야 하는데 손이 펴지지 않았습니다.

정신을 가다듬고 아기를 조심스레 안고 방으로 데려왔습니다.

"으앙."

낡은 수건에 싸여 있는 아기가 울음을 터트렸습니다. 얼굴이 새빨간 게 아직 핏기도 가시지 않은 갓난아기였습니다.

머리에선 기도를 하라고 신호를 보내는데 입이 떨어지지 않았습니다. 머릿속이 하얘져서 뭐라고 기도해야 할지 떠오르지 않았으니까요. 앞이 흐릿해지고 아기 형체가 가물거리고 저도 모르게 눈가에 눈물이 맺혔습니다.

부엌에서 나오던 아내가 아기를 보고는 주저앉아 버렸습니다. 아이의 사진을 찍어야 하는 전도사님도 고개를 들지 못했습니다. 은만이 활동 보조 집사님이 혀를 차며 물끄러미 아기를 쳐다봅니다.

귀한 생명을 구하기 위해 만든 베이비박스를 통해 첫 번째 아이를 만났는데 뭔지 모를 먹먹함에 눈물만 났습니다.

"3시입니다."

누군가의 휴대전화에서 시보가 들렸습니다.

심호흡으로 목소리를 가다듬고 기도를 드렸습니다. 말이 잘 이어지지 않았습니다.

"하나님…(훌쩍)…이 아이가…(훌쩍)…아무 데나 버려지지 않고…(훌쩍)…베이비박스로 오게 해주셔서 감사합니다…(훌쩍)…아기가 잘 먹고 소화 잘 되고…(훌쩍)…건강하게 자라도록 도와주세요…(훌쩍)…예수님의 이름으로 기도합니다…(훌쩍)…아멘."

아이의 몸을 감싸고 있던 수건을 들추자 출생일자가 적힌 쪽지가 보였습니다.

"3월 28일 오후 4시 25분."

세상에! 태어난 지 하루도 안 된 아기였습니다. 탯줄이 그대로 달려 있었습니다. 누군가가 가위로 탯줄을 길게 자르고 실로 느슨하게 묶어 놓았습니다. 끝엔 불로 지진 흔적이 남아 있었습니다. 집에서 출산을 한 것 같았습니다.

"아기 배꼽을 저대로 두면 위험할 텐데…"

그때 소아과 원장인 김 집사님의 얼굴이 떠올랐습니다. 공동체 주치의처럼 아이들을 돌봐 주러 정기적으로 봉사 오시는 분입니다. 염치 불구하고 전화를 걸었습니다.

"태어난 지 하루 만에 온 아기가 있는데, 배꼽이 실로 묶여 있어요. 집사님 도움이 필요한데 오늘 와주시겠어요?"

"네. 병원 진료 마치고 바로 가겠습니다."

아기 옆에 있던 까만 봉지를 열어 보니 특대형 기저귀 세 개와 우유병 하나가 들어 있었습니다. 어제 태어난 아기에게 특대형 기저귀라니. 우유병을 열었습니다. 쉰내가 났습니다.

아내가 얼른 신생아 분유를 사와서 아이에게 먹였습니다. 우유를 먹는 아기는 갓난아기인데도 이목구비가 또렷또렷했습니다.

저녁 시간에 맞춰 원장 집사님이 한달음에 달려와 탯줄을 병원용 집게로 다시 묶고 예쁘게 정돈해 주셨습니다. 혹시라도 감염될 것을 우려해 소독도 구석구석 해주셨습니다. 배꼽 정리가 끝난 다음에는 아기 건강 진단도 해주셨습니다.

"아기 상태가 아주 양호합니다."
"베이비박스에 처음으로 들어온 아기예요."
"그래요?"

집사님 눈이 동그래졌습니다.

"놀랍네요. 설마 했는데 진짜 아이가 올 줄 몰랐습니다."

아기 이름을 뭐라 지을까 고민하다가 모세의 갈대상자가 떠올랐습니다. '이 세상 강물에 한없이 떠내려가다 상자를 통해 생명을 건진 아기.'

이 아기야말로 우리 시대의 모세 같다는 생각이 들었습니다.

모세는 한 달 정도 우리 집에 머물다가 입양기관을 통해 목회자 가정으로 입양되었습니다. 2010년 3월 말 베이비박스를 통해 첫 번째로 만난 모세는 지금은 하나님의 보호하심 아래 무럭무럭 자라고 있겠죠.

외국의 갈대상자

베이비박스 같은 영아 긴급구조 시설은 외국에서 먼저 설치, 운영되기 시작했습니다. 그곳에서도 베이비박스에 대한 우려의 의견이 없지는 않으나 본래 목적이 더 중요시 되어 제도적 지원 아래 지속적인 운영 및 관리가 이루어지고 있습니다.

원치 않는 아이를 낳았거나 키울 능력이 없어 아기를 포기하려는 산모들을 위해 맨 처음 베이비박스가 설치된 나라가 체코입니다. 빨간 버튼을 눌러 문을 열고 그 안에 아기를 넣으면 병원 담당 직원에게 통보되는 구조이며, 아기를 쓰레기통에 버리는 것보다는 훨씬 나은 방법으로 생각하고 이 박스를 만들게 되었다고 합니다.

체코에는 이와 비슷한 시설이 25개소 운영중이며, 부모의 신원은 비밀 보장을 해주고, 특별한 것은 다른 나라 아이도 받아 준다는 점입니다. 유럽연합이라는 특성상 국적을 별로 중요하게 여기지 않기 때문입니다. 이 때문에 낙태 관련법이 엄격한 인근 폴란드 사람들이 이곳을 많이 찾는다고 합니다. 베이비박스에 버려진 아이는 국적에 상관없이 체코 시민 자격을 얻고 체코 가정으로 입양됩니다.

벨기에의 항구도시 안트베르펜에도 베이비박스가 있습니다. 이 시설물 역시 아기를 양육할 여건이 되지 않는 미혼모 등이 익명으로 아기를 보호센터에 맡기고자 할 때 이용할 수 있도록 '엄마를 위한 엄마'라는 사회단체가 설치 운영중입니다.

서유럽 국가들은 복지 제도가 비교적 잘 되어 있고 미혼모나 편부모에 대한 사회적 인식도 나쁘지 않은 탓에 이와 같은 시설을 통해 아이가 버려지는 경우는 거의 없다고 합니다. 실제로 베이비박스가 설치된 지난 2000년부터 2007년까지 단 두 명의 아이가 들어왔습니다.

아이가 이 시설을 통해 들어올 경우, 먼저 친부모를 찾기 위한 조사가 시작되지만 이는 통상적으로 이루어지는 절차일 뿐 실제로 친

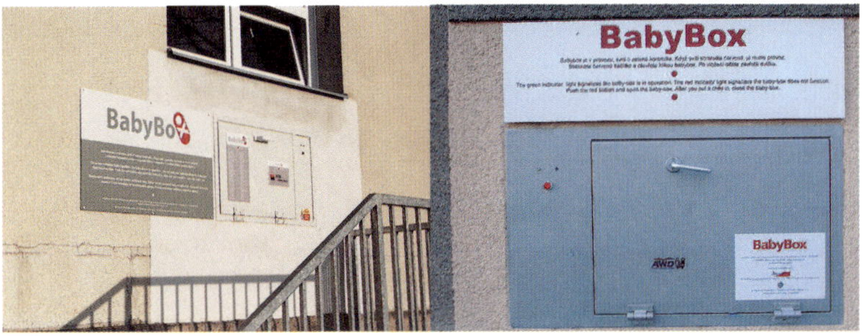

독일의 한 산부인과에서는 '사랑의 바구니', 일본의 한 병원에서는 '신생아 포스트', 체코의 가톨릭 병원에서는 '베이비박스' 라는 이름으로 버려지는 아기를 받고 있습니다. 특히 체코에서는 이와 비슷한 시설이 전국 스물다섯 군데에서 운영중에 있다고 합니다.

부모를 확인할 가능성은 낮다고 합니다. 이후 아이는 보호센터에서 일정 기간 보호조치된 뒤 입양을 진행하게 됩니다. 이러한 형태의 베이비박스는 독일, 스위스, 오스트리아, 이탈리아, 헝가리 등 유럽의 여러 국가에서 운영되고 있습니다.

이웃나라 일본 구마모토 시에서는 관내 지케이 병원이 신청한 '신생아 포스트' 의 설치 계획을 승인한다고 발표한 바 있습니다. 신생아 포스트는 우편함처럼 병원 건물 밖에서 신생아를 투입할 수 있도록 특별히 고안된 상자 모양의 시설물로, 미혼모 등 부모가 특별한 사정으로 인해 신생아를 양육할 수 없는 경우 병원 측이 대신 맡아 키우도록 하기 위해 설치되었습니다.

신생아가 포스트 안에 들어오게 되면 간호사실에 경보음이 울리고, 병원 측이 곧바로 아이를 신생아실로 옮겨 응급구조 조치를 하게 됩니다. 신생아를 포스트에 놓고 간 부모의 신원은 비밀 보장이 되며, 신생아는 일정 기간 보호한 뒤 입양 가정으로 보내거나 산모가 나중에 생각을 바꿔 아이를 찾을 경우 되돌려줄 수도 있다고 합니다.

1898년 가톨릭 신부 등이 설립한 지케이 병원은 산부인과와 내과, 소아과 등을 운용하고 있는 100석 규모의 종합병원으로서 중절 수술은 실시하지 않으며 임신에 관한 상담을 24시간 받고 있습니다.

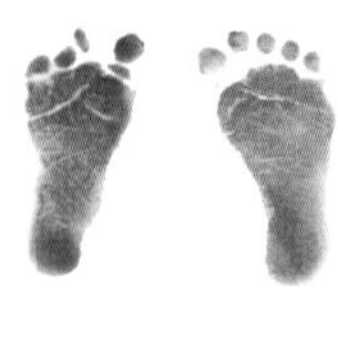

베이비박스, 이후의 작은 변화

베이비박스를 통해 첫 번째 아기가 우리에게 온 후로 달라진 게 있습니다. 벨소리와 비슷한 작은 소리가 들려도 몸이 먼저 반응했습니다.

"띵동 띵동."

그러다 진짜 벨 소리가 울리면 이전과 달리 가슴이 쿵쾅거리고 발걸음이 빨라집니다. 누군가 호기심이나 장난으로 벨을 울린 것 같아도 그저 무시할 수만은 없게 되었습니다. 내려가서 베이비박스 문을 열고 눈으로 직접 확인을 해야 몸이 정상으로 돌아왔습니다.

그렇게 조마조마한 3주가 지났을 무렵, 다시 일이 터졌습니다. 그날은 유난히 누군가의 장난으로 벨이 여러 번 울렸습니다. 오전에도 한 번 울리더니, 저녁 8시에 또 한 번 울렸습니다.

아이들이 차례로 잠들고 사방이 조용해진 밤 12시, 다시 한 번 벨이 울렸습니다. 이번에도 여지없이 몸이 반응했습니다. 떨리는 다리를 붙들고 계단을 내려가 베이비박스를 열었으나 텅 비어 있었습니다. 문밖에 나가 베이비박스가 있는 골목 쪽에도 가보았으나 역시 아무도 없었습니다. 뒤따라 나온 아내가 눈을 비비며 무슨 일이냐고 물었습니다.

"글쎄, 누군가 장난으로 벨을 울리게 한 것 같은데 별일 아니라고 하기엔 너무 늦은 시간이라…"

그리고 다시 새벽 2시에 벨 소리가 울렸습니다. 헛걸음을 한 게 몇 번째인지. 그래도 확인을 하지 않을 수 없었습니다. 베이비박스를 열었습니다. 두툼한 이불에 싸인 아기가 있었습니다. 옆에는 기저귀 가방이 놓여 있었고요.

베이비박스에서 아기를 꺼내는데 자다 깼는지 아기가 울음을 터트렸습니다. 방에 데리고 들어와 살펴본 아기는 다운증후군을 앓고 있었습니다. 얼굴에 태열기도 있는 것 같았습니다.

순간 아이 부모가 숨어서 이 모습을 보고 있을지 모르겠다는 생각이 들었습니다. 벨이 울리면 정말 누군가가 아이를 데리고 갈 건지 직접 확인해 보고 싶었던 것이었을까요? 그래서 밤 늦은 시각까지 벨을 울리게 한 건 아니었을까요?

배꼽을 보니 태어난 지 열흘 정도 지난 듯했습니다. 남자 아기였고, 기저귀 가방에는 우유병 하나와 약간의 돈이 들어 있었습니다. 그리고 두 번 접힌 편지가 있었습니다.

죄송합니다.
도저히 키울 형편이 되지 않아 이곳에 맡겨요.
용서해 주세요.
아기가 장애가 있어요.
다운증후군이고 계속적인 관리가 필요한 상태예요.
B형 간염 접종 1차 한 상태입니다.
제발 찾지 말아 주세요.
너무 두렵고 아기에게 미안해 충분히 고통받고 있습니다.
가슴 속 십자가를 안고 살아갈 저를 이해해 주세요.
세 시간마다 50cc 분유를 먹여야 해요!

단정하고 조그마한 글씨로 써내려간 편지를 보니 엄마의 필체 같았습니다. 맨 마지막 문장은 나중에 덧붙였는지 뚝 떨어져 있었고요. 다 쓴 편지를 접었다가 분유 먹이는 시간을 알려 주려고 다시 펴서 적은 것 같았습니다. 마지막 순간까지 아이를 염려하는 엄마의 마음이 느껴졌습니다.

하지만 아기의 출생 일자가 적혀 있지 않아서 아쉬웠습니다. 아무리 버려진 아이라고 해도 자기가 언제 태어났는지조차 모른다면 나중에라도 아쉬워할 게 분명하니까요. 아기의 이름은 새벽이라고 지었습니다. 새벽에 우리에게 오기도 했지만 그보다는 새벽이야말로 밝은 태양을 만날 수 있는 가장 희망적인 시간이니까요.

새벽이가 오고 나서 베이비박스에 작은 변화가 생겼습니다.

"아기 출생일을 꼭 적어 주세요."

베이비박스를 열면 제일 잘 보이는 곳에 이 문장을 적어 넣었습니다. 아이의 호적을 만들어야 이후에 병원 검사나 치료를 받을 수 있기 때문입니다.

봄에 새벽이가 오고 나서 여름과 가을이 지나갔습니다. 가을이 막바지에 다다를 무렵, 11월 6일 새벽 3시쯤에 베이비박스에서 세 번째 벨이 울렸습니다.

이번에 우리에게 온 아이는 복합 장애를 가진 영아였습니다. 우리가 보기에도 안타까웠습니다. 친부모가 아닌 우리도 그런데 그 아이를 열 달 동안 품고 있다가 배 아파 출산한 엄마와 아빠는 얼마나 눈물을 흘렸을까요? 우리는 아이가 이제부터 앞길을 잘 헤쳐나가라고, 힘든 세상에서 잘 이겨내라고 '이기리' 라는 이름을 지어 주었습니다.

12월 중순에 저녁 식사를 하는데 초인종이 울렸습니다.

"누구세요?"
"지나가던 사람인데요, 주차장에서 아기 울음 소리가 들려요."
"네?"

즉시 일어나 밖으로 나가 보았습니다. 추운 바람을 막기 위해 내려 놓은 주차장 셔터문 아래로 가방 두 개가 놓여 있었습니다. 누군가가 내려진 셔터의 작은 틈 사이로 아기를 밀어 놓고 간 모양이었습니다. 비닐 가방 안에서 아이가 숨이 넘어갈 듯 울고 있었습니다.

아이를 안고 밝은 불에 비추어 보니 얼굴이 새파랬습니다.

"얼마나 추웠을까?"

두터운 이불을 내오던 아내가 말했습니다.

"베이비박스에 넣었으면 됐는데…."

아이는 저체온 증세가 오면 위험합니다. 아이를 두터운 이불로 감싸고 산소호흡기를 채워 주었습니다. 20분이 지나자 아기 얼굴이 발갛게 달아오르기 시작했습니다.

전도사님이 다른 가방을 열어 안을 살펴보았습니다. 아기 용품과 함께 접힌 두 장의 종이가 나왔습니다.

안녕하세요 목사님,

염치가 없고 자격이 없는 엄마이기에

목사님께 저의 아들을 맡기려 합니다.

생일은 12월 18일입니다.

미성년자라 아기와 같이 살 수가 없어요.

입양도 되지 않는 상태고

저 혼자 너무나도 막막해 하던 시기에

목사님을 우연히 알았어요.

목사님이라면 우리 아들이 잘 클 수 있을 것 같다는 생각이 들어요.

목사님, 정말 간곡히 부탁드립니다.

제 아들 잘 키워 주세요.

비록 엄마 아빠와 함께하지 못하지만

바르게 착하게 건강하게 씩씩하게

자랄 수 있도록 목사님께 부탁드립니다.
그리고 죄송합니다.
정말로 죄송합니다.

아기 엄마가 저를 믿고 아기를 부탁한다는 말에 가슴이 찡했습니다.

"따르릉 따르릉."

전화 벨이 울렸고 전화기를 통해 앳된 목소리가 들렸습니다.

"여보세요?"
"혹시….이종락 목사님 맞으세요?"
"맞습니다. 제가 이종락 목사입니다."
"목사님, 아기요… 아기 데리고 들어가셨어요?"

말 끝에 눈물이 묻어 있었습니다. 아기 엄마였습니다.

"네. 데리고 들어왔어요."
"흑흑…"

갑자기 울음소리가 전화기를 채웁니다.

"감사합니다… 죄송해요… 정말 죄송해요…"

"아기는 안전하니까 걱정하지 말아요. "

"베이비박스에 넣으려고 갔는데 못 찾았어요."

"골목으로 들어가야 있어요. 주차장 안에 넣고 나서 초인종이라도 눌러 줬으면 좋았을 텐데."

"정신이 없어서 그 생각은 못했어요."

아기 엄마가 긴 숨을 내쉬며 말을 이었습니다. 아기를 낳고 나서 처음엔 입양기관에 보내려 했었나 봅니다. 그런데 엄마 혼자만으로는 그게 가능하지 않았다고 합니다. 아이를 입양기관에 맡기려면 엄마와 아빠 모두의 포기 각서가 필요하다는 거였습니다. 하지만 아이의 아빠 되는 남자 친구는 여자 친구가 임신했다는 사실을 안 다음부터 연락이 끊어졌다는 겁니다.

"부모님은 모르세요?"

"네. 집을 나온 지 오래 돼서…"

아기 엄마가 울먹이며 말을 잇지 못했습니다.

"혼자서 맘 고생 많이 했을 텐데 낙태 안 하고 아기 생명 지켜 주어서 고마워요."

"목사님, 정말 부탁드려요… 우리 아들 잘 키워 주세요."

"아기 보고 싶으면 언제든지 와요. 우린 엄마 얼굴 모르니까 봉사자로 와서 얼마든지 만나세요. 공동체 카페에 아기 크는 모습 올릴 거예요. 자주 들어와 봐요."

"네. 어떤 모습으로든 꼭 찾아갈게요."

아기 엄마는 다시 오겠다는 약속을 하고 전화를 끊었습니다. 그 후로 아기 엄마는 오지 않았습니다. 어쩌면 진짜 봉사자의 신분으로 우리가 알아채지 못하게 다녀갔는지도 모르겠습니다.

크리스마스를 사흘 앞두고 또 한 아이가 우리에게 왔습니다. 하나님께 감사드렸습니다. 아이의 생명이 이 추위 속에 안타깝게 희생되지 않고 우리에게로 오게 돼서….

크리스마스 다음 날 우리는 커다란 안내 표지판을 골목 모퉁이에 달았습니다. 혹시 아이를 더 이상 감당할 수 없어 이곳을 찾는 이가 있다면, 그들의 눈에 반드시 띄라고, 그래서 아이가 함부로 버려져 귀한 생명을 덧없이 잃는 일이 없도록 말입니다.

"아기 보고 싶으면 언제든지 와요.
우린 엄마 얼굴 모르니 봉사자로 와서
얼마든지 만나세요. 공동체 카페에 아기
크는 모습 올릴 테니 자주 들어와 봐요."

그곳에 베이비박스가 있는 이유

베이비박스를 설치하고 어느새 2년이 훌쩍 지나갔습니다. 처음에는 이 박스를 통해 정말 아이가 들어올지 회의적이기까지 했습니다. 하지만 안타깝게도 그리고 다행스럽게도 첫 번째 아이가 들어온 후로 지속적으로 베이비박스의 문이 열렸습니다.

그동안 이곳을 통해 우리에게로 온 아이는 공식적으로 70명입니다. 그 중 6명은 다시 친부모의 품으로 돌아갔습니다. 아이가 다시 엄마 아빠의 품에 안기던 날, 우는 아이와 함께 부모도 울고, 옆에서 지켜보는 저도 울었습니다. 잘못 됐으면 영영 헤어지고 말았을 가족이 다시 하나가 되는 순간에 누가 먼저랄 것도 없이 미안함과 감사함으로 울지 않을 수 없었습니다.

그동안 베이비박스는 여러 언론 매체를 통해 알려지고 〈LA타임스〉 같은 외신에 소개되기도 했습니다. 어린 여학생이 아이를 낳자마자 버리는 바람에 아이가 죽었다는 식의 영아유기 사건이 일어날 때마다 베이비박스도 함께 보도되면서 사회적 이슈로 떠올랐고 자연스레 사람들 사이에서 찬반 논란의 중심에 서고 말았습니다. 논란이 없으리라고 생각하진 않았으나, 본래의 의도와는 전혀 차원이 다른 방향으로 흘러가게 된 겁니다.

하루 종일 아이들만 보살피며 살아온 저로서는 감당하기 버거운 일들이 벌어지기 시작했습니다. 급기야 "베이비박스는 영유아 유기 같은 범죄 행위를 조장하고 방조하는 시설물"이라며 철거 지침이 내려졌습니다.

관할 담당자가 주사랑공동체를 찾아오는 날이면 마음이 조마조마해집니다.

"베이비박스를 철거하세요!"

"꼭 이래야 하나요?

"말씀드렸다시피 영아유기를 조장하는 시설물이라서 저희도 어쩔 수 없습니다."

철거하라는 주장과 그럴 수 없다는 주장 사이에서 대화는 타협점을 찾지 못하고 같은 자리를 맴돌기만 합니다. 더욱이 아이를 살리기 위해 베이비박스를 만든 저에게 범죄인이라는 딱지를 붙이는 건 감당하기 힘든 일입니다.

"영아유기라고요? 아기가 죽든 말든 아무데나 버리는 걸 영아유기라고 하죠. 베이비박스에 아기가 들어오면 바로 벨이 울리게 되어 있습니다. 1분도 안 되어 안전한 곳으로 아이를 옮겨 보호하는데 어떻게 '유기'라고 할 수 있습니까?"

"베이비박스 때문에 우리 지역에 버려지는 아이들이 늘었어요."

"저는 못합니다. 생명을 살리려는 박스인데 철거하라니요?"

한바탕 입씨름을 벌이고 돌아간 담당자는 며칠 후 또 다시 찾아옵니다.

"왜 아직도 철거를 안 하셨습니까?"

"지난 번에 제 의견을 분명히 말씀드렸습니다. 철거는 어렵습니다."

"이러시면 더 곤란합니다."

"여태껏 베이비박스에 별 관심이 없다가 지금에 와서 이렇듯 조치하시는 이유를 납득하기가 어렵네요."

담당자도 양보할 기미가 보이지 않습니다. 몇 개월 지속되던 실랑이 끝에 우리는 시설 및 기타 이유로 베이비박스를 통해 들어오는 아이를 더 이상 돌볼 수 없게 되었습니다.

아이가 베이비박스를 통해 들어오면 경찰서에 바로 신고를 해야 합니다. 경찰관 앞에서 진술서를 작성한 후 182(미아신고 전화)로 전화합니다. 그리고 구청에도 연락하여 이 사실을 알립니다. 그러면 담당자가 아기를 서울 시립어린이병원으로 데려가 건강검진을 한 후 시설이나 입양기관으로 보냅니다.

베이비박스를 없애라는 압력은 지금도 여러 가지 방법으로 들어오고 있습니다.

주사랑공동체에 들어오는 아이들의 호적을 만들기가 어려워졌고, 기초생활 수급자와 의료급여 신청 같은, 다른 때는 쉽던 행정절차가 까다로워지거나 불가능해졌습니다. 이것도 감당하기 힘든 일인데 더 힘든 건 중증 장애를 가진 아이들을 위한 활동보조 서비스가 중단된 것입니다. 이 아이들은 누군가가 거의 24시간 붙어서 간호를 해주어야 할 뿐만 아니라 재활 치료도 받아야 합니다. 이런 일은 자원봉사로는 한계가 있어서 정부의 지원이 꼭 필요합니다.

담당자에게 찾아가 물으면 주사랑공동체가 미인가 시설이라서 어쩔 수 없다고 합니다. 하지만 주사랑공동체는 장애인 시설이 아니고 장애인 가정공동체입니다. 14년 전 장애아동 양육 보호 및 치료 보호를 위해 하나님이 시작하셨고 제가 그 일을 맡았을 뿐입니다. 그렇기에 공동체에 있는 모든 아이들의 후견인이자 아버지로서 그 아이들 곁에서 살며 아이들을 지켜 주고 싶습니다.

작년, 중국의 〈신화통신〉에서 우리 공동체를 방문해 베이비박스를 취재해 갔습니다. 그리고 얼마 안 있어 중국에서 베이비박스가 설치됐다는 소식이 들렸습니다. 중국 허베이성 스자좡시의 사회복지원 문 앞에 '영아 안전섬' 이라는 베이비박스가 설치되었다고 합니다. 그동안에는 복지원 문 앞에 유기되는 아이의 절반이 동물들의 습격을 받거나 열악한 환경 때문에 소중한 목숨을 잃었다고 했습니다. 버려지는 아이들을 구조하기 위해 설치했다고 하는데 생김새가 베이비박스와 아주 유사했습니다. 우리의 베이비박스에 관한 〈신화통신〉의 보도가 나간 후 영향을 받은 것 같았습니다.

그밖에도 필리핀, 뉴질랜드, 프랑스, 영국, 독일, 미국 등에서 취재를 해갔습니다. 국적이 다를 뿐 모두 사람 사는 곳 아니겠습니까?

"목사님, 우리 아기 잘 키워 주세요."

베이비박스에 들어온 아기들 품에 이런 편지가 들어 있는 경우가 많습니다. 아이를 어쩔 수 없이 포기하면서 부모로서 마지막 부탁을 제게 하는 것이죠. 그 부모들이 다른 곳이 아닌 베이비박스에 아이를 놓고 가면서 이런 편지를 남기는 이유는 아마도 이곳에 맡기면 안전할 거라는 믿음이 있었기 때문이라고 저는 믿고 싶습니다.

베이비박스를 철거한다면 이곳에서 안전하게 살 수 있는 아이들 중 몇몇은 열악한 환경에 내몰려 대책 없이 목숨을 잃을 수도 있습니다. 그걸 지켜보고만 있어야 한다는 것은 도무지 용납할 수 없는 일입니다.

주님은 한 생명을 천하보다 귀하게 보셨습니다. 그 한 생명 때문에 지금까지 제가 이런 삶을 살아 왔다고 생각합니다. 생명 살리는 일이 주님의 말씀을 따르는 일이기에 베이비박스는 그곳에 있어야 합니다.

살아남을 권리, 사랑받을 권리

"팔다리 여덟 개 달린 기생 쌍둥이, 문어 아기." 몇 년 전, 인터넷 뉴스 검색 순위 1위에 올랐던 기사의 제목입니다. 엄마의 뱃속에서 기생 쌍둥이와 결합되어 팔 다리 여덟 개의 장애아로 태어난 아기의 이야기입니다.

네팔에서 태어난 이 아기가 정상적으로 생활하기는커녕 앞으로 얼마나 더 살 수 있을지 모른다는 안타까운 소식이 전해졌고, 이를 알게 된 미국 LA 아동병원에서 분리수술을 시행해 아기가 정상적

생활이 가능한 몸을 가지고 네팔로 돌아갔다는 내용입니다.

만약 우리나라였다면 이 아기가 살 수 있었을까요? 그보다 더 심한 장애를 안고 태어났더라도 우리나라의 의료기술로 충분히 수술이 가능했을 거라고 봅니다. 하지만 정작 엄마의 뱃속에서 세상 밖으로 나올 수는 있었을지 의문입니다. 아마 태어나기도 전에 낙태되었을 것이니까요.

우리나라의 경우 대부분의 임산부들은 산부인과에서 산전 검사를 받습니다. 초음파 검사부터 혈액 검사, 풍진 검사 등 여러 항목이 있습니다. 35세 이상의 산모 임신인 경우에는 몇 가지 항목이 더해집니다. 염색체 이상의 가능성이 높다고 해서 융모 검사(10-12주)나 양수 검사(15-18주)를 하도록 의사가 권유하기 때문입니다.

그리고 이 검사 결과에 따라 장애아는 선택적으로 낙태하는 것이 합법적이라는 사실이 태아 부모에게 안내됩니다. 아기에게 장애가 있다는 말을 들은 부모의 대부분은 낙태에 응한다고 합니다.

부끄럽지만 저도 이런 경험이 있습니다. 둘째 아이 은만이가 태어나기 전에 우리에게 보내진 생명이 있었습니다. 병원에서 아내를 검사한 의사는 아이가 장애아로 태어날 거라고 말했습니다. 장애아를 낳아서 키운다는 것이 얼마나 힘든 일인지 의사는 조목조목 설명하며 자연스럽게 낙태를 권했습니다.

30년 전 일입니다. 그때는 하나님을 알지도 못하던 때였고 술과 세상 향락에 취해서 살 때였습니다. 의사가 쉽게 할 수 있는 수술이라고 해서 크게 고민하지 않고 결정을 내렸습니다.

'아이는 또 낳으면 되지.'

단순하게 그렇게 생각했습니다. 그러나 하나님을 알고 나서 제가 엄청난 잘못을 저질렀다는 걸 깨달았습니다. 낙태를 결정하면서 별 고민이 없었고 생명의 소중함도 느끼지 못했다는 것이 부끄러웠습니다. 아이들의 울음소리가 귓가에 쟁쟁하게 들렸습니다.

몇 개월이 흐르면서 어느새 낙태반대 운동을 하고 있는 제 자신을 발견했습니다.

"하나님, 죽어 가는 아이들을 살리는 일에 앞장서겠습니다."

낙태를 막으려면 산부인과 의사들을 만나야 했습니다. 그때 진오비(진정으로 산부인과를 걱정하는 의사들의 모임)를 알게 되었습니다. 진오비의 회원들 중 일부가 본격적으로 낙태반대 운동을 하기 위해 '프로라이프의사회'를 만들었습니다. 뜻을 같이하는 동역자들을 만난 건 하나님의 인도하심이었습니다. 그분들과 연합해 생명 살리기 운동을 펼치고 있습니다.

우리나라에서 한 해에 낙태 시술로 34만 명 이상의 태아가 죽어갑니다. 출생아 대비 낙태 건수는 세계 1위를 차지하고 있습니다. 현행법으로는 낙태를 처벌 대상으로 규정하고 있습니다만, 모자보건법에서는 산모나 배우자, 의사의 임의적인 상황 판단에 의해 낙태를 허용할 수 있도록 해놓았습니다.

보통의 경우, 낙태의 사유를 확인하는 의사와 낙태를 시술하는 의사가 거의 일치합니다. 낙태 행위가 어떤 의사들에게는 경제적으로 이득이 되기 때문에 많은 태아들이 생명을 잃고 있는 거라면 정말 슬픈 일입니다.

인간의 생명은 난자와 정자가 수정된 순간부터 독립적으로 생겨난다고 봐야 합니다. 임신 18일이 되면 태아의 심장 박동을 확인할 수 있습니다. 6주만 되어도 모든 신체 구조의 외관을 볼 수 있습니다. 8주가 되면 뚜렷한 지문이 생기고, 10주가 되면 몸을 이리저리 움직이기도 합니다. 세상 밖으로 나오지 않았을 뿐 분명 존엄하고 소중한 생명입니다. 이런 태아를 장애가 있거나 부모가 원치 않는다는 이유로 없앤다는 건 명백한 살인입니다.

한 나라의 복지 수준이 높아지면 장애인의 숫자는 보통 늘어나게 되어 있습니다. 장애를 규정하는 범위가 넓어지고, 국가가 파악하여 특정한 서비스를 제공하는 등록 장애인의 수가 늘어나기 때문입니다. 그런데 우리나라는 장애아가 줄어들고 있다고 합니다. 바로 낙태 때문입니다.

뿐만 아니라 장애아에 대한 사회 복지도 안타까운 점이 많습니다. 특히 버려진 장애 아동은 복지 사각지대에 놓여 있습니다. 긴급한 의료 서비스를 받지 못하기 때문입니다.

“이 아기에게는 뇌갈림증이 있습니다”라는 쪽지와 함께 베이비박스에 들어온 아기가 있었습니다. 저는 처음 듣는 병명이었으나, 부모는 아기의 장애를 어느 정도 인지한 상태에서 아기를 우리에게 보낸 것 같았습니다. 이것은 아이가 정밀진단을 받았다는 것을 의미했습니다.

그런데 이런 아기가 공동체에 오면 병원에 가는 일이 어려워집니다. 주민등록번호도, 건강보험도, 기초생활 보호대상 자격도 없기 때문이지요. 장애가 심한 아이일수록 신속한 치료가 필요합니다. 그리고 고액의 의료비 부담이 따릅니다.

한 번에 수백 수천만 원 되는 수술을 그것도 장기간에 걸쳐 여러 차례 받아야 한다면 아이에게 아무리 필요한 일이라도 쉽사리 결정할 수 있는 문제가 아닙니다. 이런 경우에 제가 할 수 있는 것은 하나님의 인도하심을 구하는 일뿐입니다.

장애 진단도 마찬가지입니다. 다운증후군 아기들은 12개월 이전에는 장애 진단을 해주지 않습니다. 다운증후군 아이들은 대부분

우리에게는 이 아이들의
소중한 생명을 함부로
빼앗을 권리가 없습니다.

엄마의 뱃속에서 장애 진단을 받든,
장애를 가진 아기로 태어나든,
우리에게는 이들을 죽이거나
유기할 권리가 없습니다.
그 생명은 하나님이 주셨으니까요.

심장과 폐가 약하게 태어나기 때문에 심장 수술이 급한 경우가 많은데, 딱 보기에 명백한 장애인이어도 진단을 받을 수 없어서 초기 의료재활에서 멀어지고 맙니다. 법적인 장애 유형이 지적 장애로 분류되는데, 12개월 이전에는 지적 발달을 측정할 수 없다는 이유입니다. 지금 우리 공동체에도 아직 돌이 되지 않아서 장애 진단을 받지 못하는 아기가 있습니다.

장애를 가졌다는 이유로 엄마 뱃속에 있을 때부터 생명의 위협을 받을 뿐만 아니라 세상에 태어나서도 여전히 소외받는 아이들. 대부분 사람들은 장애아(障碍兒)를 어떤 신체 기관이 충분히 제 기능을 발휘하지 못하는 아이라고 알고 있습니다. 그래서 이 아이들을 동정의 시선으로 바라보거나 아예 외면합니다.

하지만 제 생각은 다릅니다. 저에게 장애아(張愛兒)는 사랑이 꼭 필요한 존재로 보입니다. 그래서 누군가는 그 아이에게 사랑을 쏟아부어야 하는 것이지요.

이 아이들의 소중한 생명을 함부로 빼앗을 권리가 우리에게는 없습니다. 엄마의 뱃속에서 장애 진단을 받든, 장애를 가진 아기로 태어나든, 우리에게는 이들을 죽이거나 유기할 권리가 없습니다. 그 생명은 하나님이 주셨으니까요.

하나님이 이 아이들에게 태어나고 이 땅에서 살아갈 생명을 주셨습니다. 장애를 가졌더라도 그것 또한 하나님의 거대한 섭리 가운

데 있을 뿐입니다. 그러니 이들에게는 당연히 태어날 권리가 있고, 살아남을 권리가 있으며, 사랑받을 권리가 있습니다. 우리에게는 그 권리를 지켜 줄 의무가 있을 뿐입니다.

아들 은만이는 26년째 누워서 아기로 지냅니다. 혼자서는 아무것도 할 수 없기에 제 손으로 직접 밥을 먹이고 기저귀를 갈아 줍니다. 은만이는 두 발로 땅을 디디고 서본 적도, 저와 대화를 나눠 본 적도 없습니다. 얼굴과 팔다리도 많이 변형되어 아기 적 모습은 찾아볼 수도 없습니다.

하지만 저는 이 아이로 인해 행복합니다. 아들 덕분에 아픈 아이들을 볼 수 있는 눈이 생겼으니까요. 포기하지 않고 기다리는 법도 배웠습니다. 더 큰 사랑으로 생명을 품으라는 사명도 받았습니다. 그렇기에 은만이를 볼 때마다 오히려 이 아이에게 고맙다고, 감사하다고 말하고 싶습니다.

장애인들은 비장애인들의 말 없는 스승입니다.

베이비박스가 사라지는 날

독일, 체코, 이탈리아, 헝가리, 폴란드, 러시아, 일본, 중국의 공통점은 무엇일까요?

베이비박스가 있다는 것입니다.

영유아 유기는 우리나라만의 문제가 아닌, 전 세계적으로 일어나고 있는 사회적 문제인 것입니다. 영아를 포기하려는 부모가 아기를 자기 손으로 죽이거나 외진 곳에 버리는 것을 막고 생명을 구하기 위해 고육지책으로 등장한 베이비박스. 여전히 논란의 여지가 있지만 그래도 많은 나라에서 베이비박스를 설치하고 계속 유지하는 이유는 그것이 생명을 살리기 위한 유용한 방편 중 하나임을 믿기 때문입니다.

경찰청 자료에 따르면 최근 3년 간 영아유기는 계속 증가하고 있습니다. 2009년 52건, 2010년 69건, 2011년에는 100건이 넘었습니다. 혼자서는 하루도 버티지 못하는, 탯줄도 떨어지지 않은 영아들이 모텔 주차장이나 지하철 화장실, 쓰레기 소각장, 아파트 화단 등 아무데나 버려지고 있는 현실입니다.

우리나라는 저출산 국가입니다. 정부가 나서서 출산을 장려하는 나라인데 왜 태어난 아이들이 이토록 쉽게 버려지는 것일까요? 10대 미혼모의 임신과 출산이 늘어나는데 이에 대한 대책이 없기 때문입니다.

“아이를 잘 돌볼 수 없게 되고, 의도적으로 혹은 소홀함으로 인해 아이를 버리거나 죽음으로 몰고 갈 수도 있다. 이렇게 탄생한 아이는 경제적 어려움이나 사회적, 법적 차별에 직면하게 된다.”

“10대 임신 결과 저체중아 출산, 사망 또는 정신지체, 농아, 뇌성마비, 발작, 기타 선천적 비정상과 같은 장애가 있는 아기가 태어나기 쉽다.”

고등학교 〈보건〉 교과서에 나오는 10대 임신의 문제점에 대한 내용입니다. 국가인권위원회는 작년 8월 "영유아 유기는 어떠한 경우에도 있어서는 안 되는 행위임에도 불구하고 이를 하나의 상황으로 제시한 것은 적절치 못하다"고 지적했습니다.

현실적으로는 10대에 의한 임신과 출산이 빈번함에도 공교육에서조차 10대 임신을 비난하고 부정적인 면만 강조할 뿐 이에 대한 대처요령이나 해결방안은 제시해 주지 않습니다.

임신한 10대들과 상담을 많이 해봤습니다. 이 아이들은 임신부터 출산까지 맘고생을 굉장히 많이 합니다. '사고'를 쳤다는 생각에 다른 사람들이 알게 되는 것을 두려워합니다. 그래서 대부분 부모나 학교, 주변에 임신 사실을 숨깁니다. 출산이 가까워오면 불룩 나온 배를 복대로 조이고 겉으로 드러나지 않게 합니다.

막바지에 이르러 급작스럽게 출산을 맞이하고, 아무도 모르는 곳에서 혼자 아이를 낳습니다. 어떻게 할까 고민 끝에 서둘러 입양기관이나 임시보호기관에 연락해서 상담을 하지만 거기서도 막다른 벽에 부딪히고 맙니다. 아이의 아빠나 부모와 같이 오라고 요구하기 때문이죠.

아이를 낳은 어린 미혼모는 그렇게 할 수 없는 상황에서 결국 아기를 유기하는 편을 선택하고 맙니다.

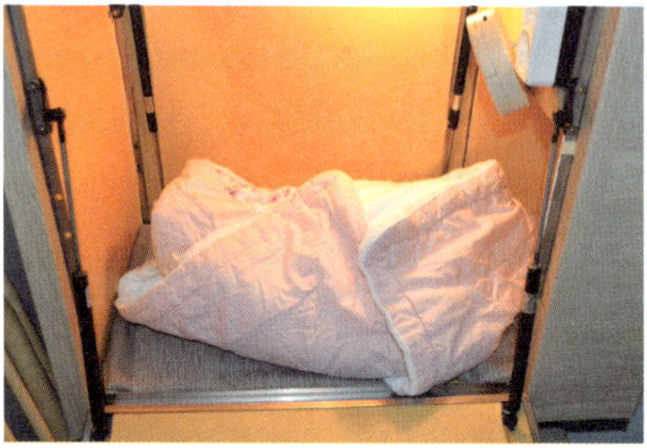

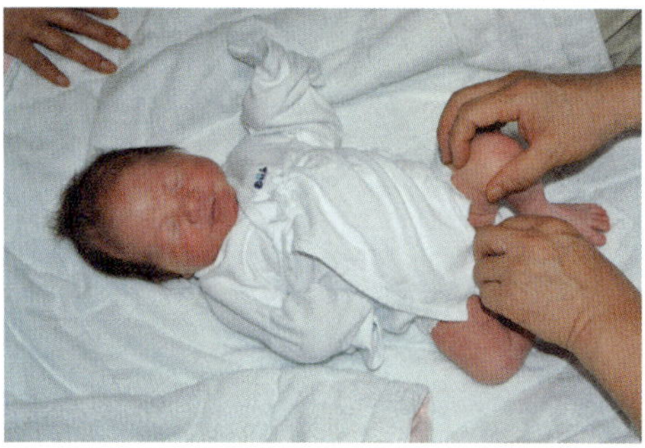

상황이 얼마나 급박했는지
아이는 태어나서 몇 시간 지나지
않아 바로 베이비박스로 온 것
같았습니다. 편지도, 가방도 없고
그나마 팔에 생년월일이 적혀 있는
띠가 있어 다행이었습니다.

새벽 1시에 한 여고생이 울면서 전화를 했습니다.

"아기랑 죽으려고 약을 탔어요."

한 마디만 들었는데도 어떤 상황인지 알 수 있었습니다.

"아기를 키워 줄 사람이 없어요. 그래서 입양기관에 맡기려고 했는데 받아 주지 않아요."

여학생을 진정시키고 아이를 데려오라고 했습니다.

"아무리 생각해 봐도 갈 곳이 없었어요."
"그래도 공동체로 전화한 것은 잘한 일이에요."
"목사님, 아기를 잘 키워 주세요."

이 학생의 경우처럼 아이와 함께 극단적인 선택을 하려던 산모를 상담을 통해 살린 경우가 여덟 차례 있습니다.

선진국의 경우 부모가 아이를 포기하면, 그래서 정부에 맡기면 국가가 아이의 생명을 책임지고 살립니다. 그러나 우리나라는 아이를 맡기기는 어렵고 처벌이 더 가까울 뿐 이렇다 할 대안이 없기 때문에 적지않은 아기들이 희생당할 수밖에 없는 현실입니다.

OECD 국가 중 1인당 주량이 1위인 나라가 우리나라입니다. 술은 성적 문란함을 자연스럽게 불러옵니다. 우리나라 향락문화의 현주소가 이런데, 청소년들에게 순결을 강요하기란 불가능에 가깝습니다. 어른들이 청소년들의 임신과 출산에 돌을 던질 자격이 있다고 생각하지 않습니다.

2012년이 되자마자 보건복지부는 18세 이하 모든 산모의 임신, 출산비 지원을 하겠다고 발표했습니다. 청소년 산모 의료비 지원 대상을 기존 '만 18세 이하 미혼모와 시설 입소 산모'에서 '만 18세 이하 산모'로 확대한 것은 그나마 다행스러운 일입니다. 이렇게 되면 정부가 지정한 병원에서 아기를 출산할 수 있게 됩니다.

독일의 경우, 산부인과에서 출생한 아기를 부모가 포기하면 더 이상 묻거나 따지지 않고 아이를 보듬어 주는 아기 보호법이 있습니다. 이것에 비하면 우리 정책은 미비합니다. 출산까지만 도와주는 것이지 아기들까지 다 받아 주는 것은 아니기 때문입니다. 아이에 대한 대책이 없다는 점에서 아쉬움이 있습니다.

뉴질랜드에는 10대 미혼모들을 위한 고등학교가 있습니다. 그곳에서 학업과 양육은 물론, 출산을 위한 교육을 받습니다. 준비 없이 임신을 했지만 두려움 없이 예전처럼 자신의 미래를 준비하도록 실질적인 도움을 주는 학교입니다. 미혼모의 교육받을 권리를 지켜

줌으로써 사회에서 낙오되지 않도록 지원해 주는 것이기도 합니다.

우리나라에도 10대 미혼모를 위한 대안학교가 있기는 합니다. 일반고등학교 재학생 신분이어야 정규 학력을 인정받는 대안학교에 다닐 수 있습니다. 그런데 이마저도 유명무실하다고 보는 게, 일반학교에서 학교 이미지를 고려해 청소년 미혼모들에게 자퇴를 권고하고 있기 때문입니다. 학교장의 승인을 받아야 대안학교에 가는데 거절을 당하는 경우가 많을 수밖에 없지요.

그래서 학업을 계속 하려면 임신 사실을 숨길 수밖에 없고, 영아유기라는 극단적인 방법을 선택하게 된다는 것입니다.

다시 말하지만, 개인적 차원이 아닌 정부적 차원의 대책 마련이 무엇보다 시급합니다. 처벌로는 해결되지 않습니다. 실질적인 대안 마련을 통해 '유기'가 아닌 '양육'을 선택하도록 도와줘야 합니다.

베이비박스는 영유아 유기를 조장하고 방조하는 시설물이라며 철거 명령을 받았습니다. 저는 베이비박스를 '유기'가 아닌 '생명보호'를 목적으로 만들었는데 말입니다.

복지 선진국인 독일에는 베이비박스가 90개 이상 설치되어 있습니다. 그것도 정부가 나서서 이 시설을 운영하고 홍보 캠페인까지 벌입니다.

"아이를 쓰레기통에 버리기 전에 한번 생각해 보세요."

홍보 전단지에 적힌 슬로건입니다.

우리의 베이비박스는 영유아 유기를 조장한다는데 독일에서는 그것을 왜 그렇게 많이 만들었을까 생각해 볼 필요가 있습니다. 베이비박스를 없애야 한다는 논리로는 도저히 설명할 수 없는 부분입니다.

베이비박스가 있든 없든 아기를 버리려고 마음먹은 사람은 결국 아기를 내버리게 될 것입니다. 베이비박스처럼 안전한 보호 장치가 마련되어 있지 않은 사각지대에다 말입니다. 그곳은 어느 모텔방일 수도 있고, 어두운 뒷골목일 수도 있으며, 심지어 화장실이 될 수도 있습니다.

실제로 우울증에 걸린 데다 극도로 궁핍한 생활에 몰린 한 미혼모가 아이를 몇 번이고 3층 창문 밖으로 던져 버리려고 했다는 고백을 직접 들었습니다. 탯줄이 여유 없이 싹뚝 잘린 채 버려져 하마터면 복막염에 걸릴 뻔한 아기도 보았습니다.

그렇게 무방비 상태로 버려지는 아이들을 위해서라도 베이비박스는 있어야 합니다. 복지 정책이 보다 견고해지고 확대되어 더 이상 필요 없게 될 때까지 베이비박스는 탯줄도 떨어지지 않은 채 버려지는 아이들을 맞이할 준비를 하고 있어야 합니다. 본질은 베이비박스가 아니라 죽어 가는 아이들의 생명입니다.

지난 해 한 언론사가 인터넷에서 베이비박스에 관한 의견을 묻고 찬반을 투표하는 설문조사를 했습니다. 그 결과 전체 투표자의 87퍼센트가 베이비박스의 '현실적 필요성'에 공감했습니다. 이것은 지금 상황에서는 베이비박스가 대안이 될 수도 있다는 것을 의미합니다. 우리는 더 이상 이와 같은 일에 무관심, 무반응, 무대책으로 있어서는 안 됩니다. 개인 차원이 아닌 국가 차원에서 보다 큰 시선으로 베이비박스를 바라봐 주었으면 좋겠습니다.

두 번째 | 은만이 이야기

은혜

살아만 줘도 축복입니다

너 근심 걱정 말아라 주 너를 지키리
주 날개 밑에 거하라 주 너를 지키리
주 너를 지키리 아무 때나 어디서나
주 너를 지키리 늘 지켜 주시리

입에서 저절로 탄식이 새어나왔습니다. 아이와의 첫 만남을 향한 열 달 동안의 기다림이 한순간에 낙심으로 바뀌었습니다. 우리를 향한 하나님은 뜻은 선하신데, 그 진리를 믿음으로 붙들기에는 너무 버거운 현실을 맞닥뜨린 겁니다.

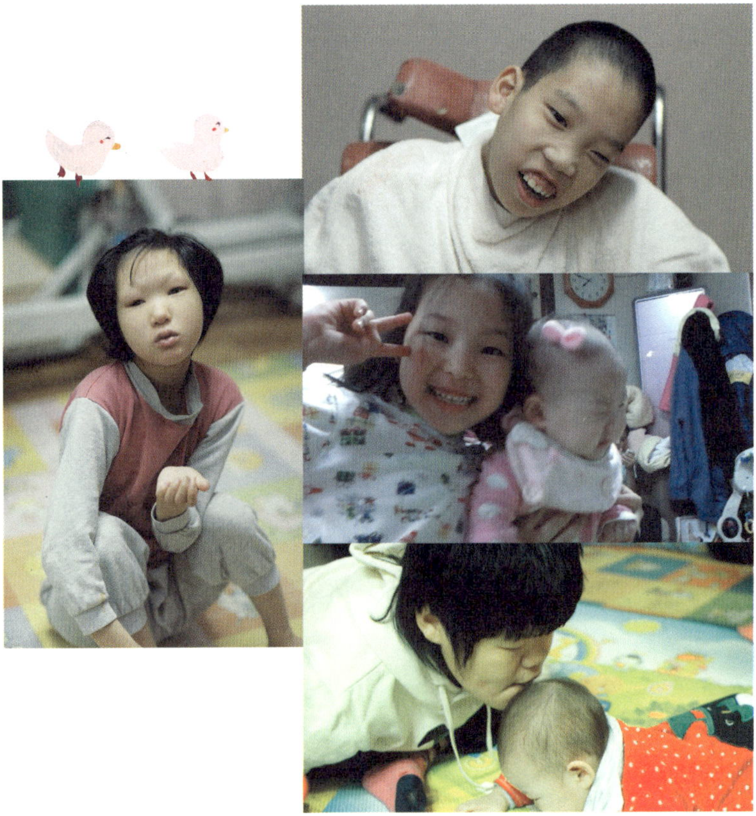

왼쪽 아무 표정 없는 설이의 얼굴은 늘 한결같습니다. 그래서 별명도 '외계인' 입니다. 오른쪽 위 "압바!(아빠)" 휠체어에 앉아 생활하는 나단이가 유일하게 할 수 있는 말입니다. 오른쪽 중간 아기를 좋아해서 동생들을 업겠다고 고집을 부릴 때가 많은 사랑이의 장래 희망은 간호사입니다. 오른쪽 아래 상희가 우리 집에 처음 온 그날은, 주사랑공동체 사역의 씨앗이 뿌려진 날이기도 합니다. 그 후로 아픈 아이들이 하나 둘 우리에게로 오면서 자연스럽게 공동체 생활이 시작됐습니다.

은혜가 충만한 아이

"여보, 저 임신했어요."

오랫동안 고대했던 일인데도, 막상 아내로부터 그 말을 들으니 얼떨떨했습니다. 첫딸 지영이를 낳고 6년 만의 일이었습니다. 중간에 뱃속에 있던 아이를 그렇게 떠나보내고, 또 다른 생명을 얻겠다는 기대 같은 건 욕심일 뿐이라는 생각도 들었습니다만, 그래도 둘째 아이에 대한 소망을 떨치지는 못했습니다.

이 아이가 우리 부부의 뒤를 이어 믿음의 세대로 자라가는 모습을 꿈꾸었습니다.

2년 동안 사모함으로 드린 기도에 대한 하나님의 응답이자 은혜로 잉태된 생명. 출산하려면 아직 멀었지만 은만이라는 이름부터 지었습니다. '하나님의 은혜가 충만한 아이' 가 되라는 뜻이었습니다.

직장생활을 접고 과일가게를 막 시작한 때였습니다. 은만이를 임신한 후로 가게 손님도 많아졌고 부족할 게 없는 하루하루였습니다. 그렇게 열 달이 흘렀습니다.

"아들입니다."

간호사가 아기를 안고 나왔습니다. 순간 제 눈을 의심했습니다. 아기 얼굴에 큰 혹이 있었습니다. 전혀 예상치 못했던 모습이어서 아무 말을 할 수 없었습니다. 그토록 애타게 기다려 왔던 우리의 소중한 아이. 여리지만 아름다워야 할 갓난아기의 얼굴에 혹이라니요.

"하나님, 왜 이런 아이를 허락하셨습니까?"

입에서 저절로 탄식이 새어 나왔습니다. 아이와의 첫 만남을 향한 열 달 동안의 기다림이 한순간에 낙심으로 바뀌었습니다. 우리를 향한 하나님의 뜻은 선한데, 그 진리를 믿음으로 붙들기에는 너무 버거운 현실을 맞닥뜨린 겁니다.

"큰 병원에 가서 검사를 받아야 할 것 같습니다."

의사의 권고를 듣자마자 마취에서 깨지도 않은 아내를 뒤로하고 아기를 안고서 큰 병원으로 달려갔습니다.

"임파선염입니다."

"선생님, 얼마나 심각한가요?"

"아기 혹이 피부 색깔과 다르지 않아서 그나마 다행입니다."

"수술해야겠지요?"

"아기가 자라면서 상태가 변할 수도 있으니 일단은 지켜봅시다. 지금 상태로만 유지된다면 보통은 여덟 살 정도 되었을 때 제거 수술이 가능합니다."

아내는 출산 후 일주일이 되어서야 집에 돌아온 아기를 처음 마주했습니다. 병원에서 돌아온 아이를 품에 안고 아내는 아무 말이 없었습니다.

"여보, 나중에 수술하면 괜찮아진다니 너무 상심 말아요."

"이것도 하나님이 허락하신 일인데 무슨 뜻이 있겠죠."

아기는 생각보다 순했습니다. 통통하게 살이 오른 백일사진도 찍었습니다. 4개월째로 접어든 어느 날, 아기가 갑자기 숨이 넘어갈 듯 울기 시작했습니다.

"여보, 은만이가 이상해요!"

몸이 불덩이처럼 뜨거웠습니다. 곧이어 아이의 눈동자가 풀리며 몸이 축 처지기 시작했습니다. 119를 불러 응급실에 도착할 때쯤 아이는 숨을 쉬지 않았습니다.

심장이 멎은 아이를 놓고 의사와 간호사들이 다급하게 움직였습니다. 그 순간 아버지로서 제가 할 수 있는 일이 아무것도 없었습니다. 어딘가에 빨려 들어가듯 정신이 아득해졌습니다.

응급실 바닥에 무릎을 꿇고 빌었습니다.

"하나님, 도와주세요. 아이를 살려주세요."

아이를 이대로 보낼 수는 없었습니다. 하나님께 몸부림이라도 치고 싶었습니다.

"하나님, 살아 계신 하나님, 은만이를 다시 깨워 주세요."

얼마나 지났을까요? 예수님이 은만이를 머리맡에서 두 팔로 감싸 주시는 환상을 보았습니다. 그때 아내가 저를 붙잡고 흔들었습니다. 눈물과 콧물이 범벅이 된 채로 아내가 말했습니다.

"은만이 심장이 다시 뛴대요."

아내와 함께 중환자실로 옮겨진 아이를 보러 갔습니다. 그 작은 몸에 온갖 줄이 달린 채 아이는 힘겹게 호흡을 이어가고 있었습니다. 제가 편히 숨 쉬고 있는 것조차 미안했습니다.

"미안해, 은만아."

제 입에서는 이 말만 계속 나왔습니다.

"선생님, 우리 아이는 이제 괜찮아진 거죠?"
"호흡이 멈춘 사이에 뇌에 산소 공급이 안 된 것 같습니다."
"많이 안 좋은 건가요?"
"정밀검사를 해봐야 정확한 상태를 알 수 있습니다."

사진 속 뇌는 오그라들어 있었습니다. 뇌 세포가 많이 손상됐으며 이대로는 아이의 생명이 얼마나 지속될지 장담할 수 없다고 했습니다.

여태까지 잘 견뎌 오던 아내가 풀썩 주저앉으며 울음을 터뜨렸습니다.

“지금 호흡은 돌아왔지만 마음의 준비를 하시는 게 좋을 것 같습니다.”

“살려만 주세요. 아이를 포기하라는 말씀은 하지 마세요.”

“환자가 다행히 깨어나더라도 정상적인 생활은 불가능합니다. 뇌손상이 심해서 평생 누워서 지낼 가능성이….”

의사가 말끝을 흐렸습니다.

태어난 지 4개월밖에 안 된 아기 은만이의 기나긴 병원생활이 시작되었습니다.

언제 응급상황이 일어날지 몰라서 보호자가 늘 대기하고 있어야 했습니다. 병원비가 일주일에 몇백만 원씩 나왔습니다. 지금은 모든 국민이 의료보험에 가입할 수 있지만 그때만 해도 의료보험 시행 초기라 직장에 다니는 사람만 의료보험 가입이 가능했습니다. 모아 둔 돈은 얼마 가지 못해 바닥이 났고 고민 끝에 가게를 정리했습니다. 그래도 병원비를 감당할 수 없어서 집을 팔았습니다.

아내와 저는 병원에서 생활하고, 큰딸 지영이는 처가에 맡겼습니다. 기댈 데라곤 하나님밖에 없었습니다. 작정기도를 시작했습니다. 기도 중에 찬송가 432장의 가사가 떠올랐습니다. 찬송가를 펼치고 1절부터 부르기 시작했습니다.

너 근심 걱정 말아라 주 너를 지키리
주 날개 밑에 거하라 주 너를 지키리
주 너를 지키리 아무 때나 어디서나
주 너를 지키리 늘 지켜 주시리

몇 번을 불렀는지 모르겠습니다. 주님이 저와 은만이와 우리 가족을 지키리라는 약속을 주시는 듯했습니다. 제가 할 수 있는 일은 감사뿐, 막막하고 무거웠던 마음이 눈 녹듯 사라지는 걸 느꼈습니다.

그날 오후, 과일 장사를 하면서 가깝게 지냈던 아주머니가 찾아왔습니다.

"아이는 좀 어때요?"

"계속 중환자실에 있어요. 부모라고 우리가 할 수 있는 건 기도 말고는 없네요."

"몇 달째 이러고 있으면 병원비가 만만찮을 텐데."

"병원에서 의료보험증을 만들어 오라고 하는데 그럴 형편이 안 되잖아요."

"그럼 의료보호증이라도 만들어 봐요. 내가 우리 동네 통장을 잘 아는데 그분이 도움을 줄 수 있을 거예요."

며칠 후 '의료보호증'이 만들어졌습니다. 중환자실에 있던 은만이의 병원비가 반의 반도 안 되게 줄었습니다.

가을 무렵 응급실에 들어갔던 은만이는 크리스마스를 지나 새해와 설을 병실에서 보냈습니다. 봄이 되자 병원에서 퇴원해도 된다는 얘기를 해주었습니다. 반가운 소식이었지만 아픈 아이를 안고 갈 데가 없었습니다. 잠이 오지 않아 병원 옥상에서 뜬 눈으로 밤을 지샜습니다.

"광야에 길을 만드시는 하나님, 반석에서 샘물을 나게 하시는 하나님, 불쌍한 은만이를 지켜 주세요. 우리 가족이 살 수 있는 방 한 칸이라도 허락해 주세요."

퇴원을 며칠 앞두고 전에 다녔던 회사의 사장님이 찾아오셨습니다. 회사에서는 사장님이었지만 교회에서는 장로님으로 함께 지냈던 분입니다.

"은만이 상태가 많이 좋아졌다는 얘기를 듣고 왔습니다."
"병원에서는 퇴원해도 좋다고 하네요."
"그래요? 잘 됐습니다, 집사님."

사장님이 제 손을 잡고는 흰 봉투를 건네셨습니다.

"거절하지 말고 받아 주세요. 제 마음입니다."

송구하고 죄송했습니다. 그분 덕분에 술에 취해 망나니로 살던 제가 직장생활을 시작할 수 있었고 하나님도 만날 수 있었습니다. 퇴사해서 장사를 시작하던 초기에도 외면하지 않고 줄곧 도움을 주시던 분이었습니다.

사당동 꼭대기에 방을 얻었습니다. 우리 네 식구가 오랜만에 나란히 누웠습니다. 하나님의 은혜가 충만한 밤이었습니다.

소아과 병동 기도 아저씨

은만이는 24시간 다른 사람의 간호가 필요한 아이가 되었습니다. 젖을 빠는 힘이 없어서 코에 삽입한 관을 통해 우유를 먹였습니다. 목에는 구멍을 뚫어 30분이나 1시간 만에 가래를 뽑아 주어야 했습니다. 오랜 병원생활로 목구멍이 망가진 탓에 자주 기도가 막히고 발작을 일으켰습니다. 감기 기운에도 쉽게 폐렴이 찾아와 수시로 병원을 들락날락해야 했습니다. 그렇게 입원을 하다 보니 1년에 6개월은 병원에서 지내야 했습니다.

처음에는 아이를 지켜보는 것이 힘들었습니다. 말은 못하지만 가래를 뽑을 때마다 표정으로 고통을 호소하는 아이를 아무렇지 않게 바라볼 수 없었습니다.

어느 때는 차라리 주님이 이 아이를 데려가셔도 원망하지 않겠다는 기도가 나왔습니다. 숨이 처음 멎었을 때 다시 살리지 않으셨더라면 좋지 않았겠나 하는 생각이 들었습니다. 그러나 하나님은 다른 뜻이 있으셨나 봅니다.

은만이는 면역력이 약해 잦은 질병과 질식에 따른 발작으로 고통을 계속 겪으면서도 가느다란 생명줄을 놓지 않았습니다. 오래 생존할 가능성이 없다며 고개를 저었던 의사들도 놀랄 정도였습니다. 정말 하나님의 은혜로 사는 아이 같았습니다. 사람의 힘으로는 해줄 게 하나도 없었으니까요.

병원에 한 번 들어가면 쉽게 나오지 못했습니다. 답답한 병실생활이 몇 달씩이나 계속됐습니다. 몸이 지치면 마음도 지칩니다. 왜 이런 고통을 저와 제 가족만 겪어야 하는지 원망스러울 때가 많았습니다.

어느 날은 곁에 있는 은만이를 바라보기가 그저 싫었습니다. 뛰쳐나가고 싶어 병실 문을 나섰으나 딱히 갈 데가 있는 것도 아니었습니다. 위층이고 아래층이고 발을 디딜 수 있는 곳이면 무작정 걸으며 병원 안을 배회했습니다.

그러다 어느 병실에서 새어 나오는 아이의 울음소리를 들었습니다. 은만이가 소리를 내어 울 수 있다면 아마 그렇게 울었을 거라는 생각이 들었습니다. 병실 안에서는 알에서 막 깨어난 새끼 새처럼 연약해 보이는 아이가 엄마를 붙들고 울고 있었습니다. 우는 아이를 품에 안고서 엄마도 소리 없이 눈물을 흘리고 있었습니다.

저는 지금도 하나님께서 그 어린 환자와 엄마를 직접 보여 주시려고 저를 그곳으로 이끌어 가셨다고 믿고 있습니다. 지친 몸과 지친 마음으로 기댈 곳 없던 저로 하여금, 저와 같은 아픔을 겪고 있는 또 다른 상한 심령들을 보게 하시려고요. 그들에게서 절절히 배어 나오던, 채우지 못하는 갈급함을 보게 하신 겁니다.

"하나님, 저 사람들도 주님의 평안과 위로를 받으면 좋겠습니다."

저도 모르게 혼잣말을 했습니다.

저는 모르는 사람에게 먼저 다가가는 성격이 아닙니다. 욱하는 못된 성질은 있지만 본래 수줍음이 많은 사람입니다. 말주변도 없

하나님께서 그 어린 환자와 엄마를
직접 보여 주시려고 저를 그곳으로
이끌어 가셨다고 믿습니다. 지친 몸과
지친 마음으로 기댈 곳 없던 저로 하여금,
저와 같은 아픔을 겪고 있는 또 다른
상한 심령들을 보게 하시려고요.

습니다. 그런 저를 하나님이 쓰시려고, 안으로만 향해 있던 저의 시선을 밖으로 돌이키셨습니다. 저와 같은 아픔을 겪고 있는 사람들에게로 보내려고 제 안에 그들을 향한 뜨거운 마음을 자라게 하셨습니다.

'저 아이를 위해 기도해 주고 싶습니다.'

하지만 마음의 소원일 뿐 몸이 따라 주지 않았습니다. 게다가 낯선 남자가 불쑥 들어와 난데없이 기도해 주겠다면 반길 부모가 몇이나 있겠습니까?

그래도 주님은 당신의 뜻을 굽히지 않으셨습니다. 분식집을 하던 아내 대신 하루 종일 은만이 곁을 지켜야 했던 저를 위해 손을 쓰셨습니다. 후원기관에서 은만이의 재활 지원을 위해 봉사자를 보내 준 겁니다. 몇 시간이지만 매일 같이 찾아와 은만이를 대신 간호해 주는 손길 덕분에 저에게는 여유 시간이 생겼습니다.

온종일 은만이 곁에 머물다가 마침내 병실 밖으로 나오니까 그 몇 시간의 공백이 꽤 길었습니다. 무엇을 해도 충분한 시간처럼 느껴졌습니다.

아이들이 환자로 있는 병실을 다니기 시작했습니다. 제가 누구라고는 말하지 않고 그저 옆 병실 보호자인 척 병실 이곳저곳을 기웃

거렸습니다. 사실이 그랬으니 아이들 보호자들도 저를 이상한 시선으로 바라보지는 않았습니다. 그러다 보니 어느새 보호자들과 수다를 떨 만큼 가까운 관계가 되었습니다. 병실마다 있는 어린이 환자들의 신상 파악도 끝냈습니다.

새로 입원하는 환자 중에는 지방에서 올라온 경우가 많았습니다. 큰 병원에 처음 들어오면 낯설고 당황하기 마련이지요. 저도 처음 병원에 와서 검사실을 못 찾고 헤매던 기억을 떠올렸습니다. 그들에게 길 안내부터 해줬습니다. 근처 상점들 중 어느 곳의 가격이 제일 싸며 피곤할 땐 어디 가서 잠시 쉬면 좋다는 둥 병실에서 오래 지내는 데 필요한 나름의 요령도 알려 주었습니다.

그러면서 쉽게 포기하지 말라고, 희망을 붙잡고 있다 보면 하나님이 도우실 것이라고 넌지시 얘기해 주었습니다. 마음이 간절하면 지푸라기라도 잡고 싶어지듯, 아픈 아이 하나만 바라보며 피할 길을 찾던 보호자들은 작은 호의에도 마음이 움직였습니다. 잠깐 동안에도 오랜 이웃처럼 허물없어졌습니다. 그들을 위해 기도해 주겠다고 나서자 거부감 없이 받아들여 주었습니다. 오히려 기뻐했습니다.

동병상련의 힘이었을까요?

아픈 은만이 얘기와 함께 복음을 전하기 시작하자 사람들이 마음의 문을 열었습니다. 하나 둘 전도의 열매가 맺히기 시작했습니다.

아픈 아이들을 찾아가면 보호자들이 기도해 달라고 자연스레 부탁했습니다.

병원 2층에서 환자 가족들과 함께 예배를 드렸습니다. 아픈 아이들을 위한 중보기도회도 열었습니다. 언제부턴가 병원에서 만나는 사람들이 저를 '기도 아저씨' 라고 부르기 시작했습니다. 소아과 병동의 기도 아저씨. 그게 저의 또 다른 이름이 되었습니다. 아주 가끔은 '목사님' 소리를 듣기도 했지만요.

하나님의 손길… 손길

여느 때처럼 병실을 다니던 중 못 보던 남자 아이가 눈에 띄었습니다. 왜소하고 비쩍 야윈 몸이 한눈에도 기력이 없어 보였습니다. 엄마처럼 보이는 아주머니가 침대맡에 선 채로 창밖을 하염없이 내다보고 있었습니다. 다가가 조심스레 말을 꺼냈습니다.

"아이를 위해 제가 기도해 주고 싶은데… 그래도 될까요?"

놀란 표정으로 아주머니가 저를 바라봅니다.

"해달라고 해요. 그 아저씨 매일 기도해 주러 다니는 사람이야."

맞은편에 있던 보호자 할머니가 한 마디 거들었습니다. 침대에 걸려 있는 환자의 기록을 슬쩍 봤습니다. 아이 나이는 열세 살. 그러니까 초등학교 6학년이었습니다.

"병원에서 더 이상 손을 쓸 수 없대요. 길어야 몇 주라네요."

그 말을 전하는 아주머니의 눈에 눈물이 맺혔습니다.

"저도 그 심정을 압니다. 저희 아들은 4개월 때 숨이 한 번 끊어졌었거든요. 의사가 포기하라고 했지만 지금 8년째 살고 있습니다. 생명은 의사 손에 달린 게 아니에요. 하나님이 붙들어 주시면 회복될 수 있습니다. 아이 병명이 뭐지요?"

"뇌종양…이에요."

뇌종양이라는 말에 마음이 내려앉았습니다. '뇌'라는 단어도 무거운데 덧붙여 '종양'이라는 말을 들으니 뭐라 얘기해야 할지 입이 쉽게 떨어지지 않았습니다. 그래도 내색하지 않고 아이 머리에 손을 얹었습니다.

"하나님, 이 아들을 이 세상에 태어나게 하신 것 감사합니다. 그리고 지금껏 어여쁜 아이로 자라게 해주셔서 감사합니다."

감사의 기도부터 나왔습니다. 하나님이 이 아이를 바라보며 얼마나 기뻐하실지 그려 보았습니다.

이 아이가 고통 중에 있습니다. 불쌍히 여겨 주시옵소서.
약한 자를 강하게 하시는 하나님, 치료의 광선을 발하사
뇌에 있는 암세포들이 사라지게 해주시옵소서.
건강한 뇌세포들로 가득 차게 해주시옵소서.
이 아들을 통해 살아 계신 하나님의 영광이 드러나길 원합니다.
십자가의 보혈로 깨끗게 하사 영육이 치료받게 하옵소서.
하나님의 선하신 계획을 기대합니다.
만나 주시고, 만져 주시고, 일으켜 주옵소서.
예수님의 이름으로 기도합니다. 아멘.

기도하는 내내 아주머니는 옷자락으로 눈물을 닦았습니다.

"절대로 포기하지 마시고 아이를 위해 계속 기도하세요."
"어떻게 기도하는지 잘 모르는데요. 교회를 안 다녀 봐서."
"그냥 아버지께 부탁하듯이 말하면 돼요. 들어주신다는 믿음이

중요해요. 그리고 맨 끝에 '예수님의 이름으로 기도합니다' 만 하시면 됩니다."

"고맙습니다."

그날 저녁, 아내에게 병실을 맡기고 금식기도원으로 갔습니다. 은만이의 수술을 앞두고 작정기도를 할 생각이었습니다.

기도를 하는데 자꾸만 은만이 대신 그 아이의 얼굴이 떠올랐습니다. 하나님께서 그 아이를 위해 중보기도를 시키시는 것처럼 느껴졌습니다.

"하나님, 아이를 통해 그 가정이 구원받게 해주세요. 아이를 낫게 하실 뿐만 아니라 그 가정도 깨끗하게 치유해 주실 줄 믿습니다."

이틀 동안 그 아이를 위해서만 기도하다가 기도원을 내려왔습니다. 병실에 들어서자 아내가 벌떡 일어나면서 그 아이 얘기부터 했습니다.

"여보, 포천에서 온 아이… 뇌종양에 걸렸다는 그 아이 말이에요."

"왜? 아이에게 무슨 일이 생겼어요?"

"아이 엄마가 아침부터 몇 번 다녀갔어요. 당신을 만나야 한다면서…."

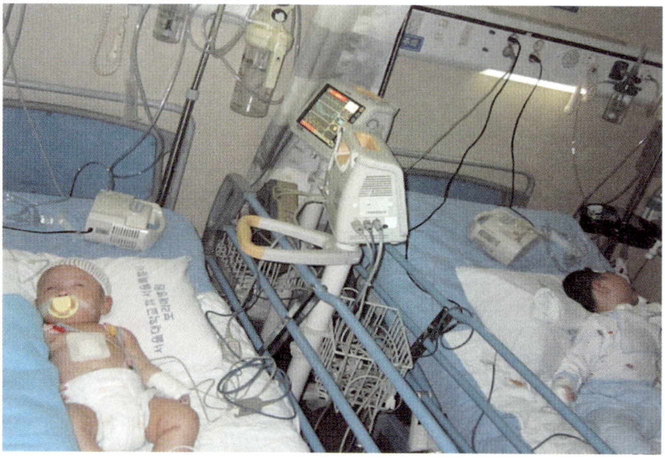

하나님은 저를 소아과 병동에서
'기도 아저씨' 로 살게 하셨습니다.
제가 찾아가는 병실에서
하나님은 위로를 전해 주셨고,
아픈 아이의 머리에
손을 얹을 때마다
구원을 허락하셨습니다.

"그래요?"

서둘러 아이 병실을 찾았습니다.

"저를 찾으셨다고요?"

"아저씨! 우리 아들 암세포가 거의 사라졌대요. 의사 선생님도 이런 일은 결코 있을 수 없다고 놀라셨어요. 이거, 기적이 일어난 거 맞죠?"

머리부터 발끝까지 몇만 볼트의 전기가 휩쓸고 지나가는 것 같았습니다. 기도원에서 줄곧 그 아이를 위해 기도하게 하신 이유가 이것이었나 봅니다. 다른 사람들도 놀랐겠지만 저에게도 이런 경험은 처음이었습니다. 우리의 절망을 감사로 바꾸시는 하나님. 그 표현에 딱 들어맞는 일이 벌어진 겁니다.

사람들은 아이의 예기치 않은 병세 호전에 모두들 자기 일처럼 기뻐했습니다. 하나님은 그 아이를 통해 그 가정에 구원이 임한 것을 보며 더 기뻐하셨을 것입니다. 아이의 엄마는 다음 날부터 예배에 참석하기 시작했습니다.

춘천에서 할아버지 손에 이끌려 병원에 온 여자 아이가 있었습니다. 앞을 보지 못했습니다. 시신경이 파괴되어 절망 상태라고 했습니다. 그 할아버지가 아이의 손을 잡고 은만이가 있는 병실로 찾아 왔습니다.

"아저씨, 우리 손녀를 위해 기도 좀 해주시구려."

낯선 사람을 찾아와서 기도를 부탁할 수밖에 없는 할아버지의 애타는 심정이 느껴졌습니다.

저는 아이의 두 눈에 손을 대고 기도했습니다.

"여호와 라파의 하나님, 이 아이를 고쳐 주시옵소서. 앉은뱅이를 일으키고 눈먼 자를 보게 하시는 하나님의 능력을 믿습니다. 이 아이의 시신경을 소생시켜 주시옵소서. 밝고 뚜렷하게 볼 수 있도록 눈을 열어 주시옵소서."

기도를 하는 중간 중간에 "아멘" 소리가 들렸습니다. 할아버지 입에서 나오는 소리였습니다.

"할아버지, 교회 다니세요?"

"아니. 예전에 젊었을 때 잠깐 다녔지."

"그러셨어요?"

"교회에서 안 좋은 일이 있었어. 그래서 내 평생 교회 안 가기로 결심했지."

늦은 오후 햇살에 비친 할아버지의 골 깊은 주름이 더 깊어 보였습니다.

"그런데 손녀딸이 앞을 못 보게 되니까 내가 죄스러워지더라고. 이 늙은이 땜에 아이가 아픈 건 아닌가 하고 말야. 젊을 때 괜한 자존심으로 꼬장을 부려가지고는…."

할아버지는 더 이상의 사연은 들려 주지 않았습니다. 하지만 하나님께서 할아버지를 다시 찾고 계시다는 건 알았습니다.

"할아버지 말씀대로, 어쩌면 하나님이 할아버지를 다시 찾고 싶어 하시는 긴지도 모르겠습니다. 하나님 앞으로 다시 나오세요. 그러면 아이도 낫게 해주실 겁니다."

"우리 애만 낫는다면 내가 못할 게 뭐 있겠소?"

"제가 아이를 위해 매일 기도할게요. 할아버지도 계속 기도하실 거죠?"

"그래야지."

매일 아이 병실을 찾아가 기도했습니다. 그런데 할아버지는 수시로 손녀딸을 은만이 병실로 데리고 오셨습니다. 기도를 더 많이 받아야 한다면서.

아이의 시신경이 살아나기 시작했습니다. 사물을 분간하고 가족을 알아보기 시작했습니다.

"기도 아저씨 기도 덕분에 우리 애가 살았어."

얼마 후 할아버지는 들뜬 모습으로 손녀딸의 퇴원 소식을 전했습니다.

"할아버지 기도를 하나님께서 들으신 거예요. 이젠 신앙생활 열심히 하실 거죠?"

"그럼. 우리 식구 몽땅 교회 나갈 거니까 걱정 말아요."

하나님은 저를 소아과 병동에서 '기도 아저씨'로 살게 하셨습니다. 제가 찾아가는 병실에서 하나님은 위로를 전해 주셨고, 아픈 아이의 머리에 손을 얹을 때마다 구원을 허락하셨습니다. 아픈 은만이는 병원에 있으면서 아무 말도 못하고 아무 일도 하지 않았지만, 제가 '기도 아저씨'로 살아가도록 디딤돌을 놓아 준 귀한 동역자가 되었습니다.

아빠 엄마는 동생만 생각해

은만이가 아픈 뒤부터 큰딸 지영이는 자연스레 가족이라는 울타리 밖으로 밀려나고 말았습니다. 아픈 은만이가 언제나 1순위였으니까요. 은만이 간호를 위해 대부분 병원에서 머물러야 하는 날 동안에 지영이는 처가에서 혼자 떨어져 지내야 했습니다.

그게 몹시 싫었나 봅니다. 처형과 함께 오랜만에 병원에 온 지영이는 집에 가지 않겠다고 떼를 썼습니다.

"나 안 갈래. 나도 아빠 엄마랑 병원에서 살 거야."

병실 문을 나서던 지영이가 처형의 손을 뿌리치고 되돌아옵니다. 은만이가 태어나던 날, 동생이 생겼다며 무척 좋아했던 딸이었습니다.

"병원에 있으면 유치원 못 가."

아내가 딸 아이를 달랩니다.

"유치원 안 가도 돼."
"그럼 친구들이랑 놀지도 못하는데…. 그래도 괜찮아?"
"엄마 아빠랑 놀면 돼."
"여긴 잘 데도 없는데?"
"저기서 자면 돼."

지영이가 보호자 침대를 가리킵니다. 아무리 달래도 물러설 것 같지 않습니다. 아이는 남고 처형만 갔습니다. 그날 하루만 재우고 보낼 생각이었습니다.

그런데 아이는 네 식구가 같이 살아서 좋다며 신나했습니다. 병원을 놀이동산처럼 생각하는 것 같았습니다. 그렇게 좁은 병실에서 네 식구의 동거가 시작되었습니다.

"아빠, 와서 이것 좀 보세요."

딸아이가 나에게 오라고 손짓을 합니다.

자랑스레 얼굴에 미소를 띠며 뭔가를 가리킵니다. 복도에 세워 놓은 이동식 침대였습니다.

"나 오늘부터 저기에서 잘 거예요."

저녁마다 용케 이동식 침대를 병실로 몰고 왔습니다. 이동식 침대 위에서 잠든 딸아이를 바라보자니 유독 작은 꼬맹이처럼 느껴졌습니다. 엄마 아빠의 손길이 무척이나 필요한 아이 말입니다.

모든 것이 은만이 중심으로 흘러가는 일상 속에서 지영이는 모든 걸 양보해야만 했습니다.

"아빠, 우리 놀이동산 가요."

"지금은 은만이가 많이 아프니까 나중에 가자."

"엄마, 우리도 맛있는 거 먹으러 가요."

"은만이가 아프니까 나중에 먹자."

"아빠, 만화영화 보러 극장 가요."

"은만이 퇴원하면 나중에 보자."

"아빠 엄마는 동생만 생각해."

아픈 아이에게 매달리다 보니 딸아이를 제대로 보듬어 주지 못했습니다. 딸아이가 폭풍 같은 사춘기를 보낸 것도 그런 탓입니다. 우리 부부는 하나님께서 딸아이의 마음을 만져 주시기만을 기도할 뿐이었습니다.

지영이는 어느새 성장하여 더 이상 엄마 아빠를 조르지 않게 되었습니다. 오히려 우리가 지영이에게 매달리는 처지가 되었습니다. 상희를 시작으로 아픈 아이들이 하나 둘 우리에게로 오면서 자연스럽게 공동체 생활이 시작됐습니다.

처음엔 아내와 둘이서 그 아이들을 24시간 돌아가며 보살폈습니다. 하지만 아이들이 병원에 입원하거나 급한 일로 자리를 비워야 하는 경우가 문제였습니다. 중증 장애인 은만이를 돌볼 사람이 저밖에 없었습니다. 아내는 아내대로 다른 아이들을 챙겨야 했습니다. 그렇다고 돈을 들여 간병인을 쓸 처지도 아니었습니다.

외출하는 딸아이를 불러 세웠습니다.

"지영아, 네가 도와줘야겠다. 아이를 병원에 좀 데려가 주렴."

"싫어요. 저한테 기대하지 마세요."

"아이가 아프잖니!"

"아빠 엄마는 늘 이 아이들만 생각해요. 저도 자식이에요."

"너도 아이들 예뻐하잖아."

"아빠 엄마처럼 힘들게 살고 싶지 않아요. 자기 생활도 없이 아이들에게만 매달려 있어야 하는데… 저도 이 일을 하라고요?"

딸이 매정하게 홱 돌아서 나갑니다. 그렇게 나갔던 지영이가 저녁에 돌아와서는 병원에 갈 채비를 합니다.

"아르바이트 그만뒀어요."

"그랬구나."

"나는 아빠 엄마처럼 잘 할 자신은 없으니까 기대하지 마세요."

"고맙다."

공동체에는 늘 일손이 모자랐습니다. 그 때문에 지영이는 제대로 된 진학이나 취업은 엄두도 못 냈습니다.

기대하지 말라고 엄포를 놓던 딸. 구레네 시몬처럼 억지로 십자가를 지고 간다고 그러던 딸. 이제는 공동체 사역에서 적지 않은 몫을 담당하고 있습니다. 아이를 워낙 좋아하고, 은만이를 어릴 적부터 봐온 터라 장애 아이들을 잘 돌봅니다.

엄살을 부리는 딸이
밉지 않습니다.
아픈 동생들을 위해
병실을 지키고,
묵묵히 제 할 일을
감당하는 딸.
제게 무척이나 듬직한
동역자입니다.

아내와 저는 아픈 아이들을 돌보기 시작하면서 가족 공동체를 만들고 싶다는 생각을 했습니다. 아이들이 친부모에게 버림받았지만, 그래도 가족을 이루어 행복하게 살 수 있다는 걸 알려 주고 싶었습니다.

우리에게 온 아이들을 정식으로 입양하는 문제를 놓고 고민했습니다. 딸이 어떻게 받아들일지가 걱정이었습니다.

"지영아, 동생들 돌보는 거 힘들지?"

"집에서나 동생이지, 밖에 데리고 나가면 다들 나를 이 아이들 엄마라고 생각해요."

"너도 엄마로 보일 나이가 됐나 보다."

"나 아직 결혼 안 했거든요!"

아내의 농담에 딸이 과민 반응을 보입니다.

"애들 말이다… 네 동생들 맞지?"

"그럼요. 당연한 걸 왜 물으세요?"

"이 아이들을 입양하려고 해."

"입양이요?"

"그래. 은만이처럼 아이들을 네 동생으로 호적에 올리는 거야."

지영이는 가만히 듣기만 했습니다.

"동생들이 많이 생기는데 괜찮겠니?"

"갓난아기 때부터 우리 집에서 같이 살아서 이미 가족이잖아요. 남이라고 생각한 적 한 번도 없어요."

지영이 말처럼 아이들은 이미 우리 가족이었습니다. 입양은 서류상 절차에 불과했습니다.

"아빠 엄마는 동생만 생각해."

줄곧 은만이만 바라보는 엄마 아빠를 향해 지영이가 어릴 때부터 하던 말입니다. 그런 지영이가 이제는 동생만 생각하는 언니, 누나가 되기로 작정했습니다.

보육교사 자격증을 따고 사회복지 공부를 했습니다. 면역력이 약한 동생들에게 도움이 되고 싶다면서 요즘은 간호조무사 공부를 하고 있습니다.

"공부는 잘 돼가니?"

"어려워요. 공부도 다 때가 있나 봐요."

"그래도 아빤 네 나이보다 훨씬 많을 때 신학 공부했는데?"

"아빠는 기도 많이 해서 하나님이 봐주신 거예요."

"너도 기도 많이 하면 봐주실걸?"

"저한테 너무 많은 걸 기대하지 마시라니까요."

엄살을 부리는 딸이 밉지 않습니다.

아픈 동생들을 위해 병실을 지키고, 묵묵히 제 할 일을 감당하는 딸. 제게 무척이나 듬직한 동역자입니다.

세 번째 | 주사랑공동체 이야기

감사

고마워, 내게 와줘서

공동체에 봉사하러 오는 분들을 보면 뭔가를 주러 왔다가 오히려 기쁨과 감사를 안고 돌아가는 모습을 많이 봅니다. 내 것을 주었을 때의 기쁨은 하늘에서 오는 것이라지요.

루리는 다른 친구들에게도 아빠처럼 되고 싶다고 말하고 다닙니다. 그래서 별명이 '목사님' 입니다. 기회가 있을 때마다 자기는 빨리 달리는 토끼보다 끝까지 최선을 다하는 거북이가 되고 싶다고 말하는 아이. 그래서 저는 기꺼이 응원대장 거북이가 되어 줄 생각입니다.

우여곡절 끝에 둥지를 틀게 된 난곡동 집입니다. 옥상에 올라가서 보면 부자 동네 부럽지 않을 만큼 전망도 괜찮습니다. 공동체에 올 때에만 해도 980그램에 지나지 않았던 미숙아 주은이는 이제 형제들과 뒤엉켜 노는 개구쟁이가 되었습니다. 갓난아기 때부터 손수 먹이고 재우고 입혀 온 아이들 모두 깨물면 아픈 제 손가락들입니다. 왼쪽부터 평강, 진리, 믿음. 아이들과 봉사자들이 한데 어울려 김장하는 날엔 들썩들썩 잔치 분위기가 납니다.

그 아침의 무지개

쿵쾅쾅쾅. 비좁은 반 지하집에 살던 시절이었습니다. 아침부터 집주인이 찾아와 문을 두드렸습니다.

"방을 좀 비워 줘야겠어요."

다짜고짜 퇴거 통보를 받았습니다. 집주인이 이런 말을 하는 걸 보니 방세를 올리려나 했습니다.

“이 건물 부수고 새로 지을 겁니다.”

집주인의 말에 머릿속이 복잡해지기 시작했습니다. 집주인은 두 달의 말미를 줄 테니 나갈 곳을 알아보라고 하고는 돌아갔습니다.

큰방에는 아픈 은만이와 상희가 나란히 누워 있었습니다. 얼마 전부터 우리와 함께 살게 된 아버지는 작은방에서 TV를 보고 계셨습니다.

근처 부동산에 들렀습니다. 생각보다 집값이 많이 올라 있었습니다. 몸이 불편한 아이 둘을 데리고 당장 어디로 가야 하나? 우리 여섯 식구가 누울 마땅한 곳이 있을까? 돈은 맞춰지려나? 고민을 이리저리 해봤지만 뾰족한 수가 떠오르지 않았습니다.

며칠 후 밤늦게 문밖이 시끄러워졌습니다. 집주인이 술에 취해서 소란을 피우고 있었습니다.

“이봐, 내가 나가라고 했지? 왜 안 나가고 있어?”

“네? 두 달 말미를 주시기로 했잖아요?”

“뭐? 방 한 칸도 없는 주제에… 나가라면 나가야지 웬 말이 많아?”

집주인이 신발을 신은 채 막무가내로 집 안으로 밀고 들어왔습니다. 거친 욕까지 내뱉으며 무엇이든 손에 잡히는 대로 내던질 기세였습니다. 잠에서 깬 아버지가 착잡한 표정으로 그 광경을 바라보고 계셨습니다.

집주인을 겨우 달래어 돌려보내고 나서도 잠을 이루지 못했습니다. 설움이 복받쳐 올라왔습니다. 입에서 한숨 같은 기도가 새어 나왔습니다.

"주님… 아시지요?"

날이 밝자마자 지역 정보신문을 건어와 훑기 시작했습니다. 가격이 맞으면 전화를 걸어 위치를 확인한 다음 일일이 찾아다녔습니다. 사흘 동안 그런 식으로 걷고 또 걸어 난곡동이라고 부르는 동네까지 갔습니다. 가파른 고갯길을 한참 올랐습니다.

20년 된 집이라고 했습니다. 집 곳곳에 세월의 흔적이 느껴졌지만 작은 마당까지 있는 비교적 아늑한 공간이라 전세 계약을 마쳤습니다.

새벽부터 굵은 빗줄기가 내리던 날 이사를 했습니다. 쫓겨나는 것도 서러운데, 쏟아지는 빗속에서 짐을 부리려니 모든 게 싫었습니다.

좁은 반지하에 있던 얼마 되지 않은 짐들을 트럭에 싣고 가파른 고갯길을 올라 우리의 새 보금자리로 들어갔습니다. 비는 밤늦도록 그치지 않고 세차게 내렸습니다. 우리 여섯 식구는 온종일 내린 비로 눅눅해진 이불을 덮고 잠자리에 들었습니다.

다음날 아침 TV에서는 간밤에 내린 비로 인한 피해 소식이 뉴스 속보로 전해졌습니다.

"밤새 내린 폭우로 둑이 터져 신대방동 지역 일부가 물에 잠겼습니다."

"세상에! 여보! 저것 좀 봐요."

아침상을 차리던 아내가 TV 앞으로 달려왔습니다. 어제까지 우리가 살던 다가구주택이 물에 잠겨 있었습니다. 2층까지 물이 차올랐습니다.

"밤에 잠을 자다가 갑자기 물이 밀려들어와서 몸만 겨우 빠져나왔어요."

울먹이며 인터뷰하는 아줌마의 얼굴이 낯설지 않았습니다. 1층에 살던 이웃이었습니다. 우리는 이 일을 어떻게 받아들여야 할지 몰랐습니다.

집주인의 행패로 집에서 쫓겨나다시피 했습니다. 여기까지 오는 동안 고생한 걸 생각하면 마음만 무거웠더랬습니다. 새로 구한 집은 가파른 고갯길을 한참 올라야 닿을 수 있는 곳이었습니다. 아픈 아이들이 집 밖으로 나갈 수 있을지 의문일 정도로. 이사하는 날 억수같이 쏟아지는 비를 맞느라 처량한 신세타령만 나왔습니다.

"주님, 아시지요?"

그날 밤 하소연처럼 드린 저의 기도를 주님이 들으셨던 걸까요?

"아들아, 내가 다 안다."

하나님은 우리 가족을 위해 제 계획보다도 더 좋은 계획을 갖고 계셨나 봅니다.

가파른 고갯길 끝에 있는 낡은 집이어서 아쉬움이 많았지만 분명한 건 은만이와 상희가 이곳에 와서 안전할 수 있었다는 겁니다. 주님의 시간 속에서, 주님의 계획 가운데, 이곳이 우리 아이들에게 노아의 방주가 됐습니다. 그리고 그 아침, 우리 가족은 약속의 무지개를 보았습니다.

여호와께서 너를 지켜 모든 환난을 면케 하시며 또 네 영혼을 지키시리로다 여호와께서 너의 출입을 지금부터 영원까지 지키시리로다 (시 121:7-8).

주님이 또 어떤 약속으로 우리를 이끄실지 기대해 봅니다.

언덕 위의 우리 집

"네 형편에 버려진 아이를 데려다 키운다는 게 말이 돼?"

"은만이 하나라도 제대로 키우세요."

"나는 자네 행동을 이해할 수 없네."

처음 주사랑공동체 사역을 시작하면서 가족이나 친척, 주변 사람들로부터 들었던 말입니다. 틀린 말이 아니었습니다. 현실을 볼 때 제 앞가림도 힘든 상황이었으니까요.

그래도 어쩔 수 없었습니다. 장애를 가졌다는 이유로 버림받은 아이들을 볼 때마다 하나님께서 제 마음을 뜨겁게 하셨습니다. 다시 시작한 식당 일도 그만둬야겠다는 생각이 들었습니다.

"여보, 아이들을 돌봐야 할 손이 모자라는데 아무래도 식당을 그만두어야 하지 않을까?"

아내에게 조심스럽게 말을 꺼냈습니다.

"저도 같은 생각이에요. 그렇다고 애들 기저귀 살 돈도 없는데 그냥 있을 수만은 없잖아요."

어느 날 전화가 왔습니다. 제가 하나님을 만나고 처음 신앙생활을 했던 교회의 장로님이었습니다. 교인들과 함께 우리 집을 방문하고 싶다고 하셨습니다.

"그동안 은만이가 많이 컸습니다."

"크게 아프지 않고 지금껏 살아 주어서 고맙지요."

"못 보던 아이가 있네요."

"상희라고 합니다. 아파서 은만이처럼 하루 종일 누워 있어야만 합니다. 돌봐줄 사람이 없어서 제가 맡아 키우고 있습니다."

"집사님이 좋은 일 하신다는 소식 들었어요."

"좋은 일은요. 하나님이 하시는 일인 걸요."

"우리가 여기 온 것도 하나님께서 하시는 일인지도 모르겠습니다."

저는 무슨 뜻인지 몰라 회장님을 바라보았습니다.

그해 여름 남전도회에서 해외 단기선교를 준비하려다 형편이 여의치 못해 계획을 접었다고 했습니다. 그동안 모아놓은 선교 기금도 용처가 없어지는 바람에 의논 끝에 이곳에 헌금을 하면 어떨까 싶어서 방문했다는 것이었습니다.

난곡의 새집으로 이사를 오면서 아픈 아이를 데리고 먼 거리를 다닐 수 없어서 가까운 곳으로 교회를 옮긴 지 꽤 된 상태였습니다. 그날 장로님과 교인들이 집과 아이들을 둘러보고 간 후 통장으로 360만 원이 들어왔습니다.

그 후로 계속 후원금이 들어오기 시작했습니다. 어떤 집사님은 아이들 데리고 병원에 다니려면 교통비가 많이 들 거라면서 100만 원을 후원해 주셨습니다.

아이들을 먹이고 입히고 병원 치료를 위해 필요할 때마다 꼭 필요한 만큼의 돈이 들어왔습니다.

고민하던 식당 일을 접었습니다. 시간과 에너지를 아이들 돌보는

데 쏟았습니다. 그 즈음부터는 봉사자들이 하나 둘 찾아오기 시작했습니다. 주사랑공동체의 사연을 듣고 기꺼이 자신들의 시간을 내주었습니다. 우리 아이들을 사랑으로 함께 키워 줄 또 다른 가족이 생긴 것입니다.

어느 날 수도관이 터져 물이 콸콸 쏟아졌습니다. 덕분에 책과 가재도구들이 못 쓰게 망가졌습니다. 벽과 바닥은 물기로 질척였습니다. 곰팡이도 여기저기 생기기 시작했습니다.

손재주 있는 봉사자가 급한 대로 수리를 해주었지만 물기는 쉽게 가시지 않았습니다. 도배를 새로 해도 어쩔 수 없었습니다. 벽은 갈라져서 틈이 벌어졌습니다. 쥐나 개미는 왜 그렇게 많던지요.

한번은 새벽에 불을 켰는데, 은만이 몸에 개미가 새카맣게 달라붙어 있었습니다. 정상적인 아이였다면 분명 아파서 울었을 것입니다. 하지만 은만이는 개미에게 살을 뜯기면서도 아무 저항도 하지 못했습니다.

지은 지 20년 넘은 낡은 집은 제대로인 게 없는 것 같았습니다. 건강한 사람도 병이 생길 지경인데 폐와 기관지가 안 좋은 아이들이 살기에는 여건이 더 안 좋았습니다. 아버지로서 아이들에게 자꾸만 미안한 일을 하는 것 같았습니다. 말로는 돌본다고 하지만 더 고생시키는 건 아닌가 하는 자책감도 들었습니다. 아이들이 건강하게 살 수 있는 집이 필요했습니다. 이제는 노아의 방주에서 내려와 새롭게 정착할 곳이 필요했습니다.

방송국으로부터 예기치 않은 전화 한 통을 받았습니다. KBS 〈사랑의 리퀘스트〉라는 프로그램 담당자였습니다. 지역 사회복지사 한 분이 우리 사연을 방송국에 알려 와서 채택이 되었다고 했습니다. 촬영 날짜가 잡히고 촬영까지 마친 뒤 얼마 지나지 않아 아이들이 TV 전파를 탔습니다. 곧이어 프로그램 담당자가 다시 전화를 걸었습니다.

"내부 회의 결과, 의료비나 주거비 명목으로 1천만 원이 책정되었습니다. 어느 쪽으로 할까요?"

"주거비로 후원해 주셨으면 합니다."

"그럼 그렇게 하겠습니다."

"촬영하면서 아셨겠지만, 저희가 지금 이사를 할 계획입니다."

"빨리 적당한 집이 구해졌으면 좋겠네요."

"어려운 부탁인 줄 알지만… 이사 비용 후원을 부탁드려도 될까요?"

"그건 좀…."

갑작스런 부탁에 담당자가 당황하는 것 같았습니다.

"기관지와 폐가 약한 아이들입니다. 더 좋은 환경에서 아이들을 돌보고 싶은 아빠의 마음을 헤아려 주셨으면 합니다."

"제가 답을 드릴 수 있는 문제는 아닙니다. 내부 회의를 해서 결과를 알려 드리겠습니다."

얼마 후 다시 〈사랑의 리퀘스트〉 담당자에게서 연락이 왔습니다. 주거비에 이사 비용까지 2천만 원을 후원하기로 했다는 소식을 알려 주었습니다. 그러면서 전례 없는 일이라는 말을 덧붙였습니다.

사랑의 후원금과 전세 뺀 돈, 그리고 주위 분들의 도움으로 이사를 했습니다. 여기도 마찬가지로 가파른 고갯길을 올라야 하는 집이었지만 전에 살던 곳과 비교하면 훨씬 나았습니다.

옥상에 올라가서 보면 부자 동네 부럽지 않을 만큼 전망도 괜찮았습니다. 무엇보다 비가 새지 않는 집에서 아이들을 재울 수 있어서 감사했습니다. 개미나 쥐 같은 것으로 괜한 걱정을 하지 않아도 된다는 것도 다행스러웠습니다.

서울시 관악구 난곡동 646-151번지.

이곳에 우리 아이들이 많은 사람들의 사랑과 관심을 받으며 살아가는 주사랑공동체의 집이 있습니다.

서울시 관악구 난곡동 646-151번지.
이곳에 우리 아이들이 많은 사람들의
사랑과 관심을 받으며 살아가는
주사랑공동체의 집이 있습니다.

우리에게 없는 단어

아이를 포기하려는 부모들과 상담하는 경우 가능하면 직접 키우기를 먼저 권합니다. 장애를 가진 아이일수록 부모의 사랑과 돌봄이 더 필요하니까요. 그게 불가능하여 공동체에서 맡아 돌보기로 결정했다면 그 이유는 딱 하나입니다. 그대로 두면 아이의 생명이 위험할 경우입니다.

어느 날 지방에서 한 부부가 갓난아기를 안고 찾아왔습니다.

"목사님께 아기를 맡기고 싶습니다."

다짜고짜 내뱉은 아빠의 첫 마디가 그랬습니다. 엄마가 품에 안고 있던 아이를 보여 주었습니다. 흔히 언청이라고 부르는 안면기형아였습니다. 태어날 때부터 입술이 갈라져 있고 입의 윗천장도 없어서 매우 심각한 상태로 보였습니다.

"아기가 젖을 빨지 못합니다."
"콧줄을 끼우면 우유를 먹일 수 있어요."

우리 공동체에도 콧줄을 끼워서 우유를 먹여 키운 아기가 여럿 있었습니다.

"그래도 키울 자신이 없습니다."

부모의 태도가 단호했습니다.

"그럼 아기에게 우유를 먹일 수 있게 병원에 가서 콧줄을 끼워서 다시 오세요. 사흘 동안만 아이와 함께 수고해 주세요."

아이 부모에게 병원의 위치와 연락처를 알려 주고 병원에도 예약을 해주었습니다. 사흘 동안 아이를 더 데리고 있다 보면 마음이 바뀌지 않을까 하는 의도에서였습니다.

다음 날, 병원에 전화를 했습니다.

"제가 어제 소개해 드린 아기, 콧줄 끼웠나요?"

"아니요."

"안 했다고요? 아기에게 문제가 생겼나요?"

"아기와 보호자가 오지 않았습니다."

예상하지 못한 답변에 당황했습니다. 아기 아빠에게 전화를 했습니다.

"아이를 병원에 데려가지 않으셨다면서요?"

"우리가 그렇게 결정하고 집으로 내려왔습니다."

"그럼 아기는 괜찮습니까?"

"아이는 좋은 데로 갔으니 그렇게 아세요."

'좋은 데' 로 갔다니? 곰곰이 생각해 보니 뭔가 이상했습니다.

다시 한 번 전화를 걸었습니다. 신호는 가는데 받지 않았습니다. 몇 번을 다시 걸어도 마찬가지였습니다. 이번에는 아내의 전화기로 걸었습니다. 신호가 몇 번 울린 후에 전화를 받았습니다.

"정말 궁금해서 묻는 거예요. 아기는 어디로 갔습니까?"
"아까 좋은 데로 갔다고 했잖아요!"

아이 아빠가 언성을 높이며 대답했습니다.

"그 아기는 아무 데나 가서 살 수 있는 아기가 아니에요. 거기가 어딘지 알려 주세요."
"상관 말라고 했잖아요!"

아이 아빠가 전화를 뚝 끊었습니다. 그 뒤로는 다시 통화하지 못했습니다. 후회와 자책감이 밀려왔습니다. 아이를 돌려보내지 않았다면 아이 생명은 구할 수 있었을 텐데.

키울 의지가 없는 부모가 아이에게 위험 요소가 될 수 있다는 걸 그때 알았습니다. 그 일이 있고 난 뒤로는 상담을 할 때마다 부모의 심리 상태부터 살핍니다. 혹시라도 아기가 위험할 것 같으면 아기 생명을 살리는 일부터 먼저 합니다.

"아이들을 돌보면서 가장 힘든 점이 무엇입니까?"

취재 온 기자들이 저에게 자주 하는 질문입니다.

"기자님은 무엇이라고 생각하세요?"

제가 되받아 질문하면 대부분 경제적인 문제일 것이라고 대답합니다.

경제적인 부담이 큰 것은 사실입니다. 아이들이 중환자실에 있으면 병원비가 기하급수적으로 늘어나니까요. 그래서 오히려 경제적인 문제는 초월하고 살 수밖에 없습니다.

처음부터 경제적 여유가 있어서 시작한 일이 아니었습니다. 제가 취할 수 있는 방법은 없습니다. 그래도 아이들의 치료비와 수술비는 항상 채워졌습니다.

아이들을 키우면서 아내와 제가 세운 원칙이 있습니다. 아이를 절대 '포기' 하지 말자는 것입니다. 힘들어도 치료든 교육이든 할 수 있을 때까지 해보자고 다짐합니다.

사실, 그보다 힘든 것은 따로 있습니다. 아이들이 아파하는 모습을 곁에서 지켜보는 것이 힘들고, 아는 사람들로부터 아이를 포기하라는 말을 듣는 것이 또 힘듭니다.

공동체 아이들의 대부분은 의학적으로 사망선고를 받은 경험이 있습니다.

굴비상자에 담겨 왔던 온유도 그랬습니다.

처음에 와서 한동안은 잘 지냈습니다. 그러다 갑자기 호흡곤란이 찾아왔습니다. 다운증후군이라 워낙 불안한 면이 있었는데, 감기에 걸렸나 싶더니 급성폐렴에 걸리고 말았습니다. 아이는 바로 중환자실에 입원했습니다. 그런데 인공호흡을 시켜도 상황이 나아지지 않았습니다.

의사가 아이의 상태를 설명해 주었습니다.

"뇌의 산소 포화도가 70 이하로 떨어졌습니다."

"그럼 위험한가요?"

"이 상태라면 뇌세포가 자꾸 죽기 때문에 아이가 위험할 수 있습니다."

의사는 굳은 표정으로 말을 이어 갔습니다.

"무엇보다 심장 수술이 급합니다. 전신마취를 해야 하는데…. 아이가 폐렴에 걸린 상태라서 수술 중에 위급 상황이 벌어질지도 모릅니다."

수술을 하든 안 하든 아이 상태가 위중해서 죽을 수 있다고 했습니다. 그래도 당장 심장 수술을 하지 않으면 아이가 호흡하기 점점 어려워질 것이라고 했습니다.

짧은 시간 안에 결정을 내려야 했습니다. 병원 측에서도 마찬가지였습니다. 당시 온유는 출생신고도 안 된 상태라 병원치료나 수술을 받을 여건이 되지 않았습니다. 그럼에도 아이가 워낙 위중하여 수술 결정을 내려야만 했습니다.

긴급 수술이 끝나고 하루, 이틀, 사흘이 흘렀습니다. 아이는 깨어나지 않았습니다. 의사는 기적을 바랄 뿐 아이가 소생하지 못할 수 있다고 했습니다.

나흘째 되는 날, 온유가 눈을 떴습니다.

"온유야!"

곁에서 이름을 불러 주었습니다. 온유가 작은 손가락을 꼼지락거렸습니다. 온유는 그 후로도 서너 번의 고비를 맞았지만 잘 넘겼습니다.

다운증후군 아이들은 온몸이 연체동물처럼 흐느적거립니다. 그래서 머리를 가누는 것도, 혼자서 앉는 것도 여느 아이들보다 훨씬 오래 걸립니다.

온유도 그랬습니다. 두 살이 되어도 온유는 걸을 줄 몰랐습니다. 자기보다 어린 동생들이 돌이 되기 전에 걷는 모습을 지켜보기만 했습니다. 다리 근육에 힘을 붙이려고 물리치료와 작업치료를 시작했습니다. 치료실에서 보조기를 채울 때면 싫다고 몸부림치는 온유와 전쟁을 치렀습니다.

바스락 바스락.

비장의 무기인 과자 봉지 하나를 꺼냅니다. 그러면 아이는 어느새 울음을 그칩니다.

작년 가을.

온유가 5년 만에 걸음마를 시작했습니다.

"온유야. 이리와."

공동체 식구들의 박수 속에 온유는 두 발을 땅에 붙이고 혼자 걸어서 제 품에 안겼습니다.

주사랑공동체의 아이들은 다른 아이들보다 더 많이 아프고, 더 많이 아프니까 더 많은 손길이 필요합니다. 언제 좋아질지 모르는, 기약 없는 수고를 해야 합니다.

'포기하다' 라는 단어가 있습니다. 세상에서 이처럼 실천하기 쉬운 단어가 또 있을까요? 우리 아이들에게는 가장 친숙한 단어일지도 모릅니다. 부모가 포기하고, 사회가 포기하고, 그래서 늘 버림받고만 살아온 아이들이니까요. 그럼에도 아이들은 아직 '포기' 란 단어를 모릅니다. 스스로를 포기하지도 않습니다. 저도 포기하지 않습니다.

'포기' 할 줄 모르는 하나님께서 이 아이들을 붙드시는 한, 주사랑공동체 안에서 '포기' 라는 단어는 없습니다.

주사랑공동체에서는 다달이 생일축하 파티를 엽니다. 희한하게도 매달 아이들의 생일이 있습니다.

한 달에 한 번 조촐한 생일 파티의 촛불 속에서 아이들을 향한 하나님의 뜨거운 열정을 봅니다. 그 아이들 하나 하나를 향한 하나님의 세밀한 섭리를 봅니다.

한 달에 한 번 조촐한 생일 파티의
촛불 속에서 아이들을 향한
하나님의 뜨거운 열정을 봅니다.
그 아이들 하나 하나를 향한
하나님의 세밀한 섭리를 봅니다.

기적의 아이를 만나 보세요

"여기 아기가 죽어 가고 있어요."

전화벨이 울리고 수화기를 들자 대뜸 얘기합니다.

"거기가 어딘가요?"
"병원이요. … 양심상 죽어 가는 아이를 더는 못 보겠어요."

병원? 양심? 아무래도 아기에 대해 잘 아는 사람 같았습니다.

"혹시… 의사이신가요? 아니면 간호사?"

대답이 없었습니다. 갑작스런 질문에 당황했나 봅니다.

"죄송합니다. 아기를 위해 용기를 내주셨는데… 제가 곤란한 질문을 했나 봅니다."

"저는… 산부인과 간호사예요. 산모가 아기를 버려두고 갔어요. 태아에 이상이 있다는 걸 알고 7개월 만에 제왕절개로 꺼냈거든요."

"아기는 어떤가요?"

"그냥 방치된 상태예요. 아무것도 못 먹고 오늘이 일주일째예요."

"네? 일주일이요?"

더 이상 들을 필요도 없었습니다. 인큐베이터에 들어갔어야 할 아이가 아무 조치도 없이 숨이 끊어지기만을 기다리고 있었던 겁니다.

몇 시간 후 아기가 공동체로 왔습니다.

다운증후군 아이였습니다. 체구가 티슈 상자만 했습니다. 몸무게를 재보니 980그램. 맥박이 잡히지 않았습니다. 저체온증이 온 듯

몸도 차가웠습니다. 아기를 강보로 싸고 또 쌌습니다. 찜질팩을 위아래로 댔습니다. 하지만 체온은 쉽게 올라가지 않았습니다.

"주님, 이 아이의 생명을 지켜 주세요."

구급차를 불렀습니다. 병원으로 가는 길이 유난히 길었습니다.

"이 상태로 아기가 살아 있는 게 기적입니다."

의사도 의학적으로는 설명이 안 된다고 했습니다.

"무엇보다 수술이 급해요. 심장에 구멍이 세 개나 있어요."

"지금 해야 하나요?"

"당장은 안 됩니다. 아기 몸무게가 최소한 3.5킬로그램은 돼야 할 수 있어요. 아기가 그때까지 버텨 줄지도 장담할 수 없습니다."

"아기를 포기할 수는 없습니다. 살려만 주세요."

부모의 이기심과 무관심 속에 버려졌던 980그램의 미숙아. 그 연약한 생명이 얼마나 간절히 생명의 끈을 붙들고 있었는지. 아이는 두 달만에 정상 체중을 회복하고 수술을 받았습니다.

이름을 '주은이'라고 지었습니다. 삶과 죽음이 엇갈리는 중환자실. 그 치열한 공간 속에서 연약한 생명을 놓치지 않도록 힘을 주신 하나님의 은혜로만 이 모든 일이 설명되기 때문입니다. 그곳에서 하나님의 은혜를 덧입은 주은이의 인생이 새롭게 시작되었습니다.

병원에서 주은이는 기적의 아이로 통했습니다. 간호사들이 주은이 백일잔치도 열어 주었습니다. 그런데 병원비가 문제였습니다. 청구서에 4700만 원이라는 숫자가 적혀 있었습니다.

공동체 형편으로 감당할 수 있는 금액이 아니었습니다. 그리고 주은이는 그 이름처럼 다시 하나님의 은혜를 입었습니다.

〈낮은울타리〉라는 잡지에서 미숙아 병동 취재를 나왔습니다. 기자가 주은이 사연을 듣고 잡지에 실어 줬습니다. 짧은 시간에 후원자들의 사랑과 관심이 쌓이기 시작했습니다.

"목사님, 주은이는 정말 기적의 아이가 맞는 것 같아요."

기자가 흥분된 목소리로 전화를 했습니다.

"후원금이 1천만 원을 넘었어요!"

"그래요? 정말 감사합니다."

"보통은 300만 원 정도가 최대치였거든요. 저희들도 무척 놀랐습니다."

그러면서 기자는 의외의 말을 덧붙였습니다. 원래 취재하려던 아기는 주은이가 아니었다고 했습니다. 그런데 주은이를 처음 보고 나서 자꾸 눈에 밟히더라는 것입니다. 주은이가 다른 아이보다 몸무게도 훨씬 많이 나갔지만 자기 눈에는 더 작아 보였다고요.

얼마 후 〈낮은울타리〉에서 2200만 원의 후원금을 받았습니다. 나머지는 이대부속병원 홍인숙 과장님이 담당해 주셨습니다. 많은 분들의 사랑으로 주은이는 6개월 만에 병원 문을 나설 수 있었습니다.

올해로 열 살이 된 주은이. 체구는 작아도 다부지고 건강한 아이로 자랐습니다. 혹시 주사랑공동체를 방문하시거든 주은이를 찾아보세요.

"안냐쌔요?(안녕하세요?)"

공동체에 방문자가 올 때마다 제일 먼저 달려가 인사하는 아이. 그 아이가 바로 주은이입니다.

언어치료를 통해 좋아졌다고는 해도 공동체 식구들 아니면 주은이의 말을 못 알아들을 때가 많습니다. 그런데도 주은이는 만나는 사람마다 적극적으로 표현합니다. 붙임성이 얼마나 좋은지 외국인에게도 말을 겁니다.

"나도 째껀도 해구 찌퍼요(나도 태권도 하고 싶어요)."

자꾸 형 도복을 입어 보고 만지작거려서 태권도 학원에 보내기 시작했습니다. 태권도를 배우면서는 목소리도 씩씩해졌습니다. 배운 티를 너무 내서 걱정일 정도입니다. 동생들에게 앞차기, 돌려차기 실습을 합니다.

"동생들 자꾸 울리면 태권도장 이젠 못 간다."

엄포를 놓으면 금세 목소리가 작아집니다.

"째껀도 해 꺼예요(태권도 할 거예요)."

티슈 상자만 하던 980그램의 미숙아 주은이는 이제는 형제들과 뒤엉켜 노는 개구쟁이가 되었습니다.

고마워, 내게 와줘서

어느 날 종합병원 사회사업실에서 연락이 왔습니다. 열네 살 미혼모가 낳은 아기가 있는데 1.8킬로그램의 미숙아라고 했습니다. 산모는 출산 30분 만에 사라졌고, 보호자인 아기 외할아버지는 간암 말기라서 아이를 거둘 형편이 아니라고 했습니다.

무조건 살려야 한다고, 데려오라고 했습니다.

"무뇌아라서 오래 못 살 것 같아요. 목사님, 살 때까지만 돌봐 주세요."

"그래요, 살 때까지만…."

아이는 세상에 태어나자마자 죽을 날을 기다려야 했습니다.

병원 직원이 아기를 안고 왔습니다. 무척 작았습니다. 손바닥 두 개를 펼치니 쏙 들어갈 정도였습니다.

"응애에, 응애에…"

아기는 주사랑공동체에 오던 날부터 계속 울기만 했습니다. 한 번 울음이 시작되면 그치지 않았습니다. 경기를 일으켜서 아이의 몸이 늘어지기도 여러 번이었습니다.

아이를 위해 뭔가 해주고 싶었지만 해줄 수 있는 게 아무것도 없었습니다. 기도가 많이 필요한 아기라는 생각에 '한나' 라고 이름 지었습니다.

밤낮으로 우는 한나를 안고 1년 넘도록 기도를 드렸습니다. 울지 않게 해달라고, 아파서 그렇게 우는 거라면 조금만 덜 아프게 해달라고 기도했습니다. 밤에는 한나의 울음소리가 집 밖으로 새나갈까 봐 등에 업고 이불을 뒤집어썼습니다. 때로는 책상 밑에 웅크리고 앉아 밤을 새기도 했습니다. 그렇게 밤을 새운 다음 날, 옆집 아주머니와 눈이라도 마주치면 묻지도 않은 얘기를 꺼냅니다.

"요즘 저희 집 때문에 정신없으시죠?"

옆집 아주머니 눈이 동그래집니다.

"왜요? 지영이네 무슨 일 있어요?"
"아기 울음소리 때문에 신경 쓰셨을 것 같아서요."
"그 집에 아기 있어요?"
"네. 아기가 아파서 잘 울어요."
"울음소리 못 들었는데?"
"정말요?"
"네. 저희는 밤에 잘 잤어요."

한나는 분명 밤새도록 울어댔는데 아무 소리도 듣지 못했다고 했습니다. 그 후로도 한나 울음소리 때문에 이웃의 항의를 받은 적이 한 번도 없었습니다.

한나는 우유 먹는 것도 쉽지 않았습니다. 코에 삽입한 관을 통해 먹여도 잘 삼키지 못했습니다. 천천히 상태를 봐가며 먹이다 보면 200cc 먹는 데 세 시간이 걸렸습니다.

먹는 것조차 고통이었던 한나. 그래도 살아야 했기에 기도하듯 천천히 조금씩 먹였습니다.

처음엔 얼마 못 살 거라던 예상과 달리 한나는 우리와 함께하는 날들이 길어졌습니다. 대견했습니다. 우리 집에 온 지 5년째 되던 해, 한나는 목에 구멍을 뚫는 수술을 받았습니다. 음식물이 자꾸 기도로 들어가 폐를 힘들게 했기에 식도와 기도를 분리시켜 음식물이 식도로 바로 넘어가게 하는 수술이었습니다. 수술 후 한나의 호흡이 눈에 띄게 좋아졌고 밥도 입으로 받아먹을 수 있게 되었습니다.

"한나야."

어느 날 가까이에서 이름을 불렀습니다. 기대하지 않았던 일이 일어났습니다. 한나가 밝게 웃으며 제게 시선을 맞춰 주는 것이었습니다. 그렇게 예쁠 수 없었습니다. 5년 만에 처음으로 보게 된 미소 한 번에 그동안 힘들었던 모든 일이 아무것도 아닌 게 돼버렸습니다.

이렇게 예쁜 미소를 가진 아이가 우리와 함께 있었다니. 고마웠습니다. 한나의 미소가 얼마나 예뻤는지 우리뿐만 아니라 봉사자들의 사랑을 독차지할 정도였습니다. 한나의 미소는 우리 공동체의 트레이드마크가 되었습니다.

어느 날 새벽, 며칠 동안 감기를 앓던 한나의 몸이 갑자기 축 늘어졌습니다. 호흡이 멈추고 맥박이 뛰지 않았습니다. 머릿속이 하얘졌습니다. 인공호흡을 시도하고 구급차를 불러 병원 응급실로 달려갔습니다. 하지만 한나의 심장은 결국 다시 뛰지 못했습니다. 한나의 미소도 다시 볼 수 없었습니다.

한나의 최종 사망선고가 내려지던 순간, 지난 6년의 시간이 주마등처럼 지나갔습니다. 제가 죄인이 된 것 같았습니다.

함부로 내버릴 생명이 아니라면서 억지로 이 땅에 붙들어 두려 한 것이 한나를 더 고통스럽게 했던 것은 아닐까? 6년 전 태어나던 그날 하늘나라로 가게 놔두었더라면 오히려 낫지 않았을까? 그랬더라면 6년 동안 아픔만 겪으며 살 필요도 없었을 텐데. 진심으로 미안했습니다.

한 줌의 재가 된 한나를 우리 집 화단에 수목장으로 묻었습니다. 한나를 보내고 나서 눈물샘이 고장나 버렸습니다. 부모님이 돌아가셨을 때도 그렇지 않았는데 자식은 달랐습니다. 그래서 자식이 죽으면 가슴에 묻는다고 하는가 봅니다.

집안 곳곳에서 한나의 흔적과 마주칠 때마다 눈물이 터져 나왔습니다. 차를 운전할 때도 눈물이 나왔습니다. 길가에 차를 세우고 한참을 울었습니다. 눈물이 마르기까지 오랜 시간이 필요할 것 같았습니다.

한나는 지금 사진으로만 만날 수 있습니다. 우리 집 한쪽 벽면에서 한복을 곱게 입은 한나가 웃고 있습니다.

"여보, 우리 한나 참 예쁘지요?"

"한복 입혀 놓고 얼마나 예뻤는지 서로 뽀뽀하겠다고 난리였잖아요."

"맞아. 그때 그랬어요."

"한나도 뭘 알았는지, 그날은 유난히 많이 웃었죠."

"그래. 한나 덕분에 우리가 더 많이 웃을 수 있었던 것 같아요."

한나가 이곳에 머무는 6년 동안의 힘든 일은 기억나지 않습니다. 한나의 미소가 우리의 수고로움을 달래 주었던 것만 기억납니다. 지치고 힘들 때마다 가장 아름다운 미소로 우리를 위로해 준 한나.

그것을 위해 한나는 우리 곁에 6년이나 머물러 주었습니다. 한나의 선물이었습니다. 6년 동안의 위로였습니다. 하늘나라에서 다시 만나게 될 때 이렇게 말해 주고 싶습니다. 네가 곁에 있어서 고마웠다고. 내게 와줘서 고마웠다고.

한 줌의 재가 된 한나를 우리 집 화단에
수목장으로 묻었습니다. 한나를
보내고 나서 눈물샘이 고장나 버렸습니다.
부모님이 돌아가셨을 때도 그렇지
않았는데… 그래서 자식이 죽으면
가슴에 묻는다고 하는가 봅니다.

네 손은 특별하단다

평소 치장을 잘 안 하는 아내가 거울 앞에 앉는 때가 가끔 있습니다. 아이들 입학식이나 학부모 회의가 있는 날입니다.

루리가 초등학교 입학하는 날도 그랬습니다. 루리는 공동체 아이들 중에서 처음으로 일반학교에 들어갔습니다. 모두에게 자랑할 만한 날이었습니다. 그날은 저도 긴장하고 아내도 긴장했습니다. 오랜만에 학부형으로 돌아가니 가슴이 설레었습니다.

"아빠, 학교 다녀오겠습니다."
"그래. 입학 축하한다."

루리가 아내와 함께 집을 나섰습니다. 엄마 손을 잡고 씩씩하게 걸어가는 아들의 모습이 부쩍 크게 느껴졌습니다.

루리는 태어날 때부터 왼쪽 발이 15도 비틀어져 있었습니다. 그래서 발바닥이 위를 향하고 있었습니다.

"수술을 해서 발 모양을 바로잡아 줘야 합니다."
"갓난아기인데 괜찮을까요?"

아이의 뼈가 굳기 전에 모양을 잡아야 한다고 했습니다. 태어난 지 사흘 만에 루리는 깁스 치료를 받았습니다. 일주일에 한 번씩 깁스를 자르고 새로 끼워야 했습니다. 그때마다 아이는 고통스럽게 울었습니다. 한 달도 안 된 아이가 흰 옷 입은 사람만 봐도 울어 댔습니다.

그랬던 루리가 이제 두 발로 흐트러짐 없이 걸어가는 걸 보니 대견했습니다.

입학식을 마치고 온 루리가 어깨가 축 처져서 들어왔습니다.

"이제 진짜 초등학생이 됐구나. 내일부터 새 가방 메고 학교 가겠네?"

기분이 좀 나아질까 해서 일부러 가방 얘기를 꺼냈습니다. 학교에 가게 되었다는 얘기를 듣고 나서는 하루 종일 새 가방을 메고 집 안을 돌아다녔던 루리였습니다. 하지만 루리는 여전히 기운이 없었습니다.

"여보, 루리가 힘이 없네? 학교에서 무슨 일 있었어요?"

"짝이랑 손 잡고 교실에 들어가는데, 그 아이가 손을 얼른 빼더래요. 루리 손을 보고 놀란 모양이에요."

"루리가 많이 당황했겠네."

"오면서 그러더라구요. 밖에 나가면 사람들이 자기 손만 보는 것 같다고."

루리는 발도 그랬지만 태어날 때부터 손가락에도 장애가 있습니다. 다른 아이들에 비해 손가락이 많이 짧습니다. 그것 때문에 학교에서도 스트레스를 받을 거란 예상은 했지만 생각보다 일찍 겪게 되었던 겁니다.

루리는 어린이집에 다닐 때부터 자기 손가락이 유난히 짧다는 걸 인식하기 시작했습니다.

"아빠, 내 손은 왜 아빠하고 다르게 생겼어요?"

제 손바닥에 자기 손을 겹쳐 보며 루리가 물었습니다.

"하나님께서 네 손을 특별하게 만드셔서 그래."
"근데 친구들은 내 손이 괴물 손 같대요."
"괴물 손은 친구를 때리고 밀어뜨리는 손이야. 아빠가 볼 때 루리 손은 특별한 손이란다."
"그래도 내 손이 아빠 손 같았으면 좋겠어요."
"아빠는 루리처럼 멋지게 생겼으면 좋겠는데?"

그제야 루리 얼굴이 펴집니다.
루리는 태권도 학원에도 다니기 시작했습니다. 어느 날은 집에 돌아오자마자 투정을 부립니다.

"아빠, 나는 못 하는 게 너무 많아요."
"왜? 오늘 어려운 기술 배웠니?"
"아니요. 오늘은 운동 조금 하고 게임했어요."

“그럼 좋았을 텐데. 게임에서 졌어?”

“젠가는 정말 못 하겠어요.”

“젠가? 너 컴퓨터 게임 잘 하잖니.”

저는 젠가가 마징가제트 같은 로봇이 등장하는 컴퓨터 게임인 줄로만 알았습니다. 루리는 젠가가 컴퓨터 게임이 아니라 나무 블록을 쌓아 놓고 하나씩 빼는 보드게임이라고 설명해 주었습니다.

“두 팀으로 나눠서 하는데, 친구들이 나를 안 뽑아 줬어요. 내가 있으면 질 게 뻔하잖아요.”

“아빠도 그거 못하는데… 아무래도 루리가 아빠를 닮아서 그런 것 같다.”

달리는 것보다 첫 발을 떼는 것이 더 어려웠던 루리. 다른 사람에게는 평범한 일상조차 루리에게는 긴장되는 도전인 경우가 많았습니다.

입학식 때 염려했던 것과 달리, 루리는 학교생활을 비교적 잘 해나갔습니다. 생일 때는 친구들을 데려와 축하 파티도 열었습니다. 또래 아이들에 비해 배려심이 깊은 편이라 인기도 많습니다. 아이들 사이에서 칭찬왕으로 여러 번 뽑히기도 하고 3학년 때는 반장도

했습니다. 첫 걸음을 떼고부터는 금방 속도를 내어 어느새 달리기 시작한 겁니다.

루리는 음악에 소질이 있습니다. 배우고 싶어 하는 악기도 많습니다.

"아빠, 나도 기타 칠 수 있어요?"
"그럼. 너만 할 수 있는 베이스 기타를 만들면 돼. 신나게 드럼도 칠 수 있어."
"드럼 쳐봤는데요, 드럼 스틱을 꽉 못 쥐니까 자꾸 떨어뜨려요. 그래서 박자를 놓쳐요."
"네 손에 맞는 드럼 스틱을 만들면 될 거 같은데. 네 손은 아주 특별하니까 특별한 손에 맞는 특별한 스틱을 만들면 되지."

가끔 루리가 제 주위를 서성일 때가 있습니다. 데이트 하고 싶다는 신호입니다.

"루리야, 우리 목욕이나 갈까?"
"네."

아들 손잡고 목욕탕에 들어가는 기분은 제법 남다릅니다. 손에 부쩍 힘이 붙은 루리가 손수 제 등을 밀어 주겠다고 나섭니다.

"아이고, 시원하다. 앞으로는 자주 루리하고 목욕탕에 와야겠다."

"말씀만 하세요. 언제든지 오케이!"

목욕탕을 나와 중국집에서 짜장면을 시켜 먹습니다. 루리는 아빠랑 목욕탕 가는 것보다 중국집 가는 걸 더 좋아합니다. 그 특별한 손으로 짜장면을 맛나게 먹고 있는 루리에게 묻습니다.

"루리는 이 다음에 커서 어떤 사람이 되고 싶어?"

"목사님이요."

"왜?"

"아빠처럼 되고 싶어서요."

루리는 다른 친구들에게도 아빠처럼 되고 싶다고 말하고 다닙니다. 그래서 별명이 '목사님' 입니다. 기회가 있을 때마다 자기는 빨리 달리는 토끼보다 끝까지 최선을 다하는 거북이가 되고 싶다고 말하는 아이. 그래서 저는 기꺼이 응원대장 거북이가 되어 줄 생각입니다.

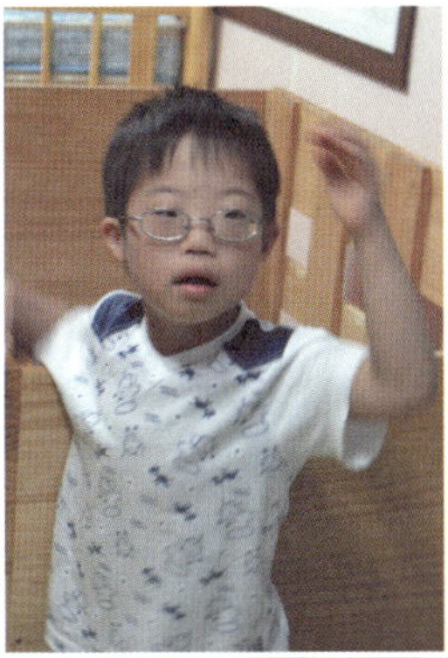

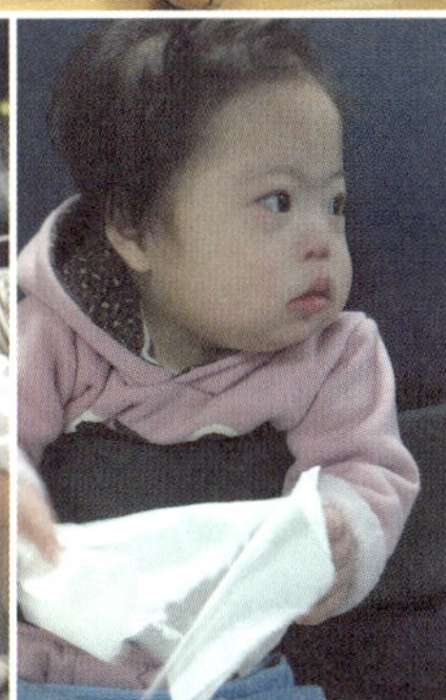

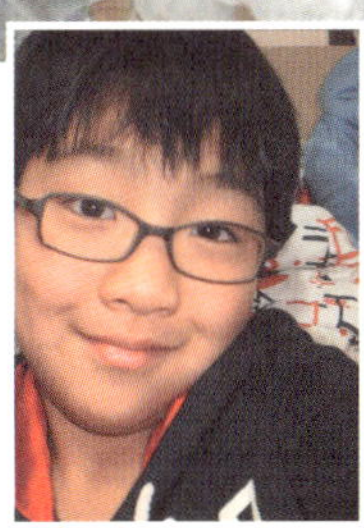

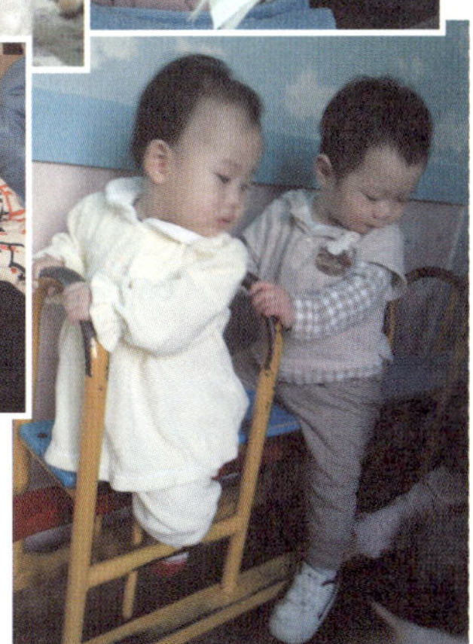

"루리는 이 다음에 커서 어떤 사람이 되고 싶어?"
"목사님이요." "왜?" "아빠처럼 되고 싶어서요."

"괴물 손은 친구를 때리고 밀어뜨리는 손이야. 아빠가 볼 때 루리 손은 특별한 손이란다."
"그래도 내 손이 아빠 손 같았으면 좋겠어요."
"아빠는 루리처럼 멋지게 생겼으면 좋겠는데?"

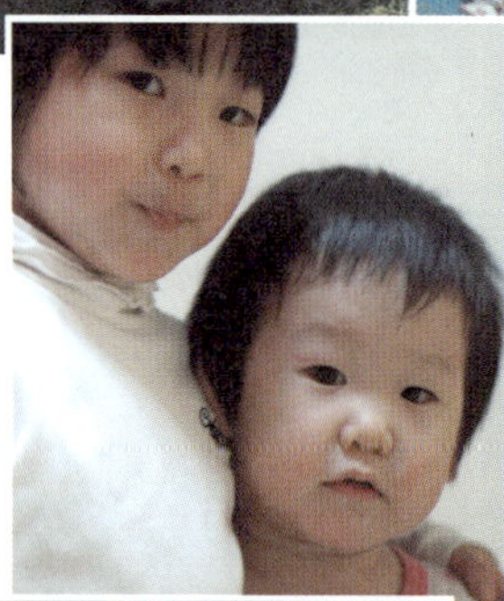

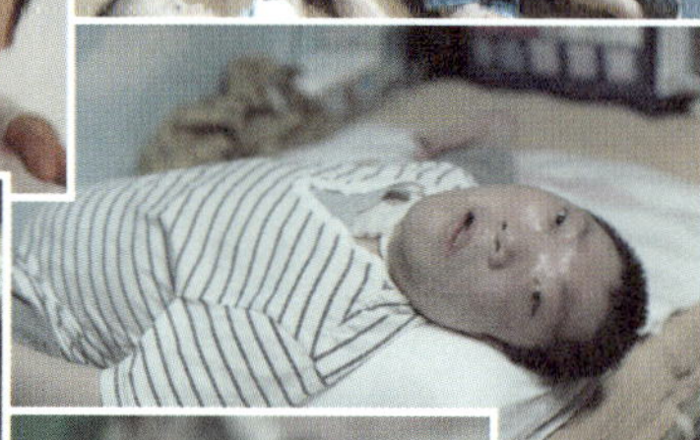

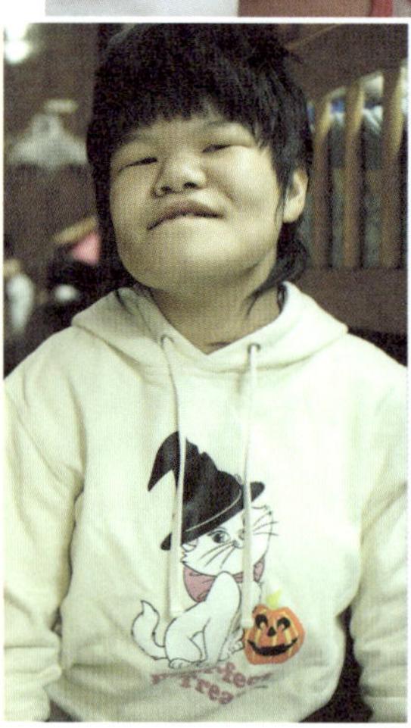

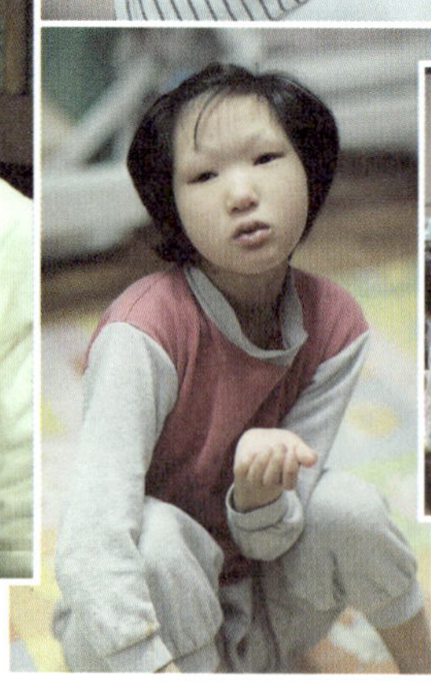

그 여름, 초록빛 꿈을 꾸다

무더운 여름날, 우리 집 앞에 짐 꾸러미들이 하나 둘 쌓이기 시작했습니다. 밥솥과 각종 취사 도구, 이불 보따리, 아이들 갈아입을 옷가지며 온갖 잡동사니를 담은 크고 작은 상자들까지.

지나가던 할머니가 궁금한 듯 묻습니다.

"이 집 이사 가요?"

"아니요. 나들이 갑니다. 가족끼리요."

"나들이 간다는 짐이 뭐 이리 많아? 난 또 이사 가는 줄 알았지."

"저희 집 식구가 좀 많잖아요."

겨우 며칠 동안이지만 공동체 식구들이 나들이를 가려면 이삿짐을 바리바리 싸듯 해야 합니다. 가장 중요한 건 의료용 물품들입니다. 하나라도 빠트리거나 소홀히 했다간 큰 문제가 일어날 수 있으니까요. 짐을 다 실으려니 차 여러 대에 나누어도 한가득입니다. 그 틈바구니에 아이들을 끼워 넣듯 해야 우리 식구가 겨우 올라탈 수 있습니다. 걷지 못하는 아이들은 모두가 힘을 합쳐 차에 태워야 합니다.

마지막으로 은만이 차례. 큰 담요를 펼쳐서 그 위에 은만이를 눕힙니다. 강도사님과 제가 마주서서 이불 양끝을 잡고 다리에 힘을 줍니다. 갑작스런 움직임에 놀랐는지 은만이가 입을 크게 벌립니다.

"은만아, 밖에 나가자. 아빠랑 같이 여행가는 거다."

은만이 방에서 차까지 가려면 몇 번의 관문을 지나야 합니다. 2층에서 1층으로 내려가는 비좁고 가파른 계단이 첫 번째고, 그 계단을 내려와 문 밖으로 나서면 그보다 조금 더 좁고 가파른 바깥 계단을 조심스레 내려가야 합니다. 두 사람이 은만이를 들고 좁은 통로를 한 번에 내려오려니 얼굴이 벌겋게 달아오릅니다.

대문 밖으로 나오자 은만이가 햇빛을 받아 얼굴을 찡그립니다. 평소에는 바깥공기를 쐴 일 없다가 오랜만에 나들이를 가려니 백짓장 같은 은만이 얼굴이 유난히 환합니다.

헤아려 보니 6년 만입니다. 예전 강화도로 수련회를 다녀온 후로는 처음이었던 겁니다. 가족 여행. 우리에게는 몇 년 만에 집을 옮기는 이사보다 더 힘들고 드문 일이 돼버렸습니다.

종종 단체 봉사자들의 도움을 받아 우리 아이들이 소풍을 다녀오기도 합니다.

그때 은만이와 희망이는 예외입니다. 저도 은만이를 곁에서 지켜야 해서 소풍을 떠나는 다른 아이들을 배웅만 해줄 뿐입니다. 은만이처럼 아픈 아이들을 데리고 어디로 간다는 것이 여간 어려운 일이 아닙니다. 그래도 마음 한구석으로 늘 바라던 일이어서 기회가 된다면 아이들에게 맑은 공기를 맘껏 마시게 해주고 싶었습니다. 그러던 차에 처형 소개로 시골에 있는 조용한 건물을 며칠 동안 쓸 수 있게 된 겁니다.

차는 고속도로를 달리다 천안으로 빠져나왔습니다. 시내를 벗어나니 금세 시골 풍경이 나타났습니다. 한참을 논밭 사이로 달리던 차가 드디어 멈췄습니다.

대평리의 한 수양관. 이곳이 우리가 머물 곳입니다. 여기 있는 며칠 동안 아이들에게는 드넓은 놀이터요 어른들에게는 편안한 휴식

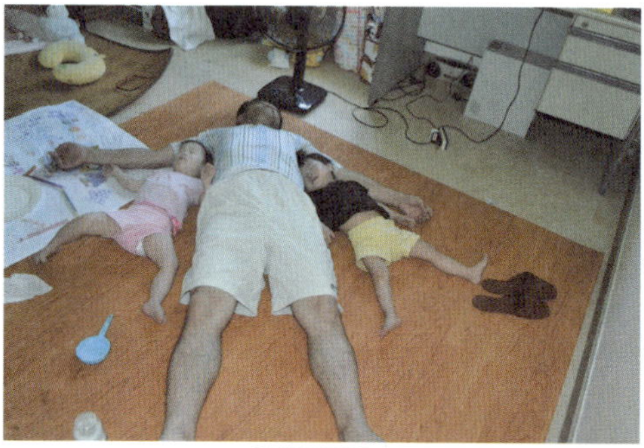

비록 며칠 동안이지만
우리 아이들에게 초록빛
꿈을 꿀 수 있는 공간이
생겨서 좋습니다.

터가 될 곳입니다. 아이들이 뛰어놀아도 좋을 만큼 널따란 마당과 1층의 긴 테라스가 먼저 눈에 들어옵니다. 나지막한 빨간색 지붕은 수양관 주변의 초록색 배경과 잘 어울렸습니다. 평소에는 듣지 못하던 풀벌레 소리와 새들의 명랑한 지저귐 소리까지 우리를 환영하는 듯했습니다. 아무것 안 하고 그저 가만히 앉아 있기만 해도 마음이 편해졌습니다.

짐을 풀고 은만이와 희망이를 눕힐 방부터 정리했습니다. 계단을 오르내릴 필요가 없는 1층이라 한결 수월했습니다.

넉넉한 간격을 두고 둘을 눕힌 다음 의료장비를 설치했습니다. 두 아이의 가래 제거는 언제나 제 몫입니다. 그러는 사이에도 다른 아이들은 이미 마당에서 한바탕 소란을 피웁니다.

'우리 공동체가 이런 곳에만 있어도 좋겠는데.'

갑자기 그런 생각이 들었습니다.

예배실을 둘러보고 밖으로 나왔습니다. 눈앞에 탁 트인 들판이 펼쳐져 있습니다. 버스도 하루에 두 번만 다닌다는 산골이어서 한적한 게 정말 좋았습니다. 멀리서 우리를 도우러 온 동료 목사님들은 마당 평탄 작업을 하느라 바쁩니다. 저는 낫을 가져다가 마당 가장자리에 듬성듬성 난 풀을 베었습니다.

"목사님, 농사일 많이 해보셨나 봐요?"

그 말에 피식 웃음이 났습니다.

"제가 왕년에 동네 한량이었답니다. 농사 일이 바빠도 기타 메고 노래만 부르러 다녔어요."

"그래도 생각보다 낫질을 잘 하시네요."

"주님 만나고 제가 사람 됐잖아요. 공동체에 필요할 것 같으면 뭐든지 제 손으로 뚝딱뚝딱 해야 했으니 이젠 못하는 게 별로 없겠다 싶습니다. 아내는 제가 예수님 제자라서 목수 기질이 있다고 하대요. 허허허."

아침 저녁으로 예배를 드렸습니다. 동료 목사님들이 돌아가면서 말씀을 전하고 젖먹이부터 연세 든 권사님들까지 찬양을 부르고 기도를 드렸습니다. 아이들은 찬양을 열심히 따라 부르다가 하나 둘씩 차례로 어른들 사이에서 무릎을 베고 자고, 우유를 먹으며 자고, 업혀 자기도 했습니다. 이런 모습이 어쩌면 우리가 간절히 소망하던 장면이 아닐까 싶었습니다.

아이들은 맑은 공기 속에서 호흡도 좋아졌고 잠도 잘 잤습니다. 밤새 잠투정을 부리던 아이들이 애들이 맞나 싶을 정도였습니다.

"아빠!"

아침에 물가에 갔던 아이들이 어느새 검게 그을려서 왔습니다.

"재미있었어?"
"네. 물고기도 잡았어요."
"아빠, 여기 개구리도 많아요."

좁은 공간에서 늘 티격태격하던 아이들은 말 그대로 물 만난 듯 뛰어놀았습니다.

얼마나 지났을까?

전도사님이 아이들의 옷을 빨아서 한아름 안고 나왔습니다. 테라스 난간에도 걸고, 금빛 빨랫줄에도 걸어 놓으니 수양관 전체가 만국기처럼 아이들 옷으로 팔랑거렸습니다.

"엄마, 밥 더 주세요."

점심 밥상 앞에 앉았던 사랑이가 밥그릇을 들고 아내 곁으로 갑니다. 평소에는 잘 먹지 않아 애를 태우던 아이였습니다.

"나도 더 먹을 거야."

"엄마 나두."

여기저기서 더 먹겠다고 엄마를 불러 댑니다.

"집에서보다 잘 먹네?"
"여기서 먹으니까 더 맛있어요."
"공기가 좋아서 그런 거야."

많은 식구 밥을 준비하느라 더운 주방에서 땀을 흘렸을 아내도 즐거워합니다.

"오늘 저녁엔 마당에서 고기 구워 먹을까?"
"네!"
"아싸~"

벌떡 일어나 개다리춤을 추는 아이도 있습니다.
저렇게들 좋을까? 그동안 어떻게 참고 지냈을까요?
마지막 날 밤, 강도사님이 캠프파이어 준비를 위해 부지런히 마당을 오가고 있습니다. 아이들도 돕겠다고 강도사님을 따라다니며 마른 가지들을 옮겨 옵니다.
불이 활활 타오르기 시작하고, 모두들 손을 잡고 빙빙 돌며 찬양을 했습니다. 찬양이 끝나고는 게임을 했습니다. 장작불이 사그라질 때쯤 옥수수와 감자를 구웠습니다. 쏟아지는 별빛 아래에서 고소한 향기가 수양관 넓은 마당을 가득 채웠습니다.

재작년에 이어 작년에도 대평리 수양관에서 여름 수련회를 가졌습니다. 수련회를 다녀온 뒤로 아이들은 한동안 저를 졸랐습니다.

"아빠, 거기 또 가고 싶어요."

"어디?"

"물놀이하고 캠프파이어 하던 곳이요."

"수양관 가고 싶어?"

"네."

"모기 많아서 싫다고 했잖아."

"겨울이니까 이젠 없을 거예요."

"추워서 물놀이도 못하는데 그래도 좋아?"

"별도 보고 썰매 타면 되잖아요."

우리 아이들에게 비록 며칠 동안이지만 초록빛 꿈을 꿀 수 있는 공간이 생겨서 좋습니다. 복닥거리는 비좁은 집에서 벗어나 마음껏 뛰놀 수 있는 널따란 마당이 있어서 참 좋습니다. 시골 할머니가 기다리시는 외갓집처럼.

다큐멘터리 영화 〈더 드롭박스The Drop Box〉

"안녕하세요?"

"하이. 굿 투 씨 유."

외국인 젊은이들이 차례로 인사하며 집 안으로 들어왔습니다.

2011년 12월. 공동체 식구들은 미국에서 온 열한 명의 아름다운 청년들과 특별한 시간을 보냈습니다. 반 년 넘게 이메일과 전화로 시간을 조율하며 준비한 만남이었습니다.

작년 봄, 저는 생면부지의 미국 청년에게서 한 통의 메일을 받았습니다.

저는 미국 캘리포니아에 사는 브라이언 아이비입니다. USC(서던캘리포니아대학)에서 영화를 전공한 스물한 살의 청년입니다. 올 초 〈LA 타임즈〉에 난 베이비박스 기사를 읽고 충격을 받았습니다.

어떤 이유에서든 아기를 버리는 일은 안 된다고 봅니다. 그런데 안타깝게도 한국뿐만 아니라 전 세계에서 영아유기가 일어나고 있습니다. 이런 일이 생겨서는 안 된다는 것을 영화로 만들어 알리고 싶습니다. 공동체와 베이비박스에 관한 다큐멘터리 영화를 만들고 싶습니다. 목사님의 의견이 어떠신지요.

처음엔 무척 놀랐습니다. 베이비박스를 영화로 만들고 싶다고? 그것도 미국인이?

베이비박스가 세상에 알려진 이후로 논란이 끊이지 않던 때였습니다. 영아유기를 조장하는 시설물이라며 철거 명령이 내려졌고, 저는 범죄인 취급을 받고 있었습니다.

혼란스러움과 인간적인 서운함 속에서 하나님의 도우심을 구하며 밤마다 무릎을 꿇고 있었습니다.

그러던 차에 브라이언에게 연락이 온 것이었습니다.

'하나님께서 또 새로운 일을 시작하셨구나.'

이 영화의 진짜 감독은 하나님이시라는 생각이 들었습니다.

Subscribe/Manage Account Place An Ad LAT Store Jobs Cars Real Estate Rentals More Classifieds Custom Publishing

Los Angeles Times

LOCAL U.S. WORLD BUSINESS SPORTS ENTERTAINMENT HEALTH LIVING TRAVEL OPINION

AFGHANISTAN & PAKISTAN AFRICA ASIA EUROPE IRAN IRAQ LATIN AMERICA MIDDLE EAST

YOU ARE HERE: LAT Home → Collections → 7ah

South Korean pastor tends an unwanted flock

In a country that prizes physical perfection, Pastor Lee Jong-rak, his eyes opened after caring for his own disabled son, has been taking in unwanted infants, who if not for his drop box would be left in the street.

June 19, 2011 | By John M. Glionna, Los Angeles Times

Comments 0 추천 169 Tweet 1 Share 36 +1 0

Reporting from Seoul — The drop box is attached to the side of a home in a ragged working-class neighborhood. It is lined with a soft pink and blue blanket, and has a bell that rings when the little door is opened.

Because this depository isn't for books, it's for babies — and not just any infants; these children are the unwanted ones, a burden many parents find too terrible to bear.

One is deaf, blind and paralyzed; another has a tiny misshapen head. There's a baby with Down syndrome, another with cerebral palsy, still another who is quadriplegic, with permanent brain damage.

But to Pastor Lee Jong-rak, they are all perfect. And they have found a home here at the ad hoc orphanage he runs with his wife and small staff. It is the only private center for disabled children in South Korea.

"This is a facility for the protection of life," reads a hand-scrawled sign outside the drop box. "If you can't take care of your disabled babies, don't throw them away or leave them on the street. Bring them here."

Since 1998, Lee, now 57, has taken in nearly three dozen children — raised them, loved them, sent them to school. He has changed their diapers, tended to their cries in the middle of the night. Today, he has 21 wards: the youngest a 2-month-old, the oldest 18.

His motivation is painfully personal. Twenty-five years ago, Lee's wife, Chun-ja, gave birth to a baby so disfigured Lee kept the boy from her for a month until he could figure out a way to tell her the unthinkable, explaining only that the child had a serious illness and was rushed to another hospital.

The baby was born with cerebral palsy. A mammoth cyst on his head choked off the blood flow, slowly rendering him brain-damaged. Doctors gave him months to live.

〈LA타임즈〉(2011. 6. 19. by John M. Glionna)에 '버려지는 아이들을 돌보는 한국의 목사'라는 제목으로 베이비박스와 주사랑공동체 이야기가 보도되어 화제가 되었다.

영화 촬영을 해도 좋다는 답신을 보냈습니다. 8월에 스태프 중 한 명이 감독을 대신해 공동체를 방문했습니다. 공동체를 둘러보고 아이들도 만나본 후 몇 가지를 의논하고 돌아갔습니다.

그리고 얼마 후에 전화를 한 통 받았습니다.

"주사랑공동체 이종락 목사님 맞으세요?"

나이든 여자 분 목소리였습니다.

"네, 제가 이종락 목사입니다."

"잠시 한국에 나왔다가 목사님을 꼭 뵙고 싶어서 전화 드렸습니다."

한 시간쯤 지나서 그분이 공동체로 직접 찾아왔습니다.

"저는 미국에 사는 유분자 권사라고 합니다."

"반갑습니다."

"〈LA타임즈〉 기사를 보고 감명을 받았습니다. 한국교회가 영적으로 타락했다고 손가락질을 받고 있는데, 목사님처럼 귀한 사역을 감당하고 계신 분이 있어서 얼마나 감사했는지 모릅니다."

"다 하나님이 하시는 일인 걸요. 〈LA타임즈〉가 영향력이 있나 봅니다. 얼마 전에는 젊은이들이 와서 영화를 찍고 싶다는 제의도 받았습니다."

"교포들 사이에서 목사님 얘기가 화제가 되었어요. 참, 제 외손녀 사라도 그 영화의 스태프로 참여할 예정입니다. 통역을 담당하기로 했대요."

"그래요? 참 감사합니다."

"저도 기도로 돕겠습니다."

미국으로 돌아간 권사님은 외손녀 사라와 브라이언 감독과 함께 찍은 사진을 메일로 보내 주었습니다. 그러고 나서 몇 달 만에 영화 촬영 스태프들과의 첫 대면이 이루어진 겁니다.

"환영합니다. 먼 길 오느라 고생하셨습니다."

어색하게 서 있는 젊은이들과 일일이 악수를 나눴습니다. 아이들도 호기심에 하나 둘 모여들기 시작했습니다.

"목사님, 뵙고 싶었습니다."

유난히 앳돼 보이는 브라이언이 인사를 합니다.

"실제로 보니 사진보다 훨씬 더 잘 생겼어요."

통역을 하던 사라 자매가 웃습니다.

"영화 촬영을 허락해 주셔서 감사합니다."

"베이비박스에 관심 가져 주어서 오히려 제가 더 감사합니다."

"영화가 완성되면 영화제에도 출품하려고 합니다."

"영화제요?"

"네. 선댄스 영화제라고 독립 영화나 다큐멘터리 영화를 대상으로 하는 영화제가 있어요. 〈LA타임즈〉에서 기사를 읽는 순간 영감이 떠올랐어요."

"브라이언 감독 덕분에 베이비박스가 세계적으로 알려지겠네요. 생명을 소중히 여기고 살리자는 메시지가 잘 전달되었으면 좋겠습니다."

"영화가 상영되고 수익이 창출되면 비영리단체를 만들어 버려진 아이들을 돕는 활동을 할 계획입니다."

청년 브라이언의 꿈 얘기를 들으면서 저도 힘이 솟았습니다.

첫 만남 이후, 시차 적응할 새도 없이 인터뷰와 촬영이 이어졌습니다. 공동체 아이들의 일상과 예배 시간, 학교생활과 병원 검진 그리고 재활 치료까지 차례차례 카메라에 담았습니다. 진지하고 세심

한 감독은 최대한 아이들의 자연스런 모습을 담고 싶어 했습니다.

카메라가 돌지 않을 땐 늘 아이들에게 둘러싸여 열심히 손짓 발짓으로 이야기를 나눴습니다. 어린 아기들을 안아서 우유도 먹여 주었습니다.

언젠가부터 루리, 사랑이, 주은이, 강도사님 딸 승미와 혜미가 촬영 스태프들 뒤를 졸졸 따라다니기 시작했습니다.

"락 페이퍼 시저스."

"와우."

아이들이 스태프들과 함께 웃는 소리가 들려서 궁금한 마음에 슬쩍 내다보았습니다.

가만히 지켜 보니 가위 바위 보 게임을 하고 있었습니다. 단순한 놀이 하나에도 뭐가 좋은지 아이들은 신났습니다. 저는 통역이 있어도 외국인과 대화할 때는 괜히 주눅이 들기도 하는데 아이들은 달랐습니다. 영어 한 마디 몰라도 표정과 몸짓만으로 의사 표현하는 데 부족함이 없었습니다.

정말 부러웠습니다.

일주일, 열흘, 정신없이 시간이 갔습니다. 함께하던 스태프들이 개인 일정 때문에 하나 둘 미국으로 돌아가기 시작했습니다. 마지막에는 네 명만 남아 나머지 작업을 해야 했습니다. 부족한 인원이다 보니 밤늦도록 촬영을 해야 하는 날이 많아졌습니다.

촬영은 크리스마스 이브에도 이어졌습니다. 이런 날이면 대개는 가족이나 연인들끼리 있어야 하는데 그러지 못하고 촬영 때문에 낯선 나라에서 보내야 하는 청년들이 한편으로 짠하고 한편으로는 고마웠습니다.

오후부터 눈발이 날리더니 어느새 펑펑 내리기 시작했습니다.

"눈이다."

아이들과 청년들이 일제히 밖으로 뛰어나갔습니다.

"정말 멋져요."

유일한 여성 스태프인 스털링 입에서 계속 감탄사가 터져 나왔습니다.

"LA는 눈을 보기 힘든 지역이에요."
"크리스마스에 눈 내리는 건 영화에서만 봤는데."

스태프들이 열심히 카메라에 눈 오는 풍경을 담았습니다.

하나님께서 정말 멋진 크리스마스 선물을 주셨습니다. 아이들도, 스태프들도 오랫동안 잊지 못할 화이트 크리스마스였습니다.

영화 촬영이 마무리 단계로 접어들 즈음 브라이언은 공동체에서 아이들과 함께 잠을 잤습니다. 아이들도 브라이언을 잘 따랐습니다.

"아빠, 이것 좀 보세요."

루리가 뭔가를 들고 달려옵니다.

"브라이언 형이 선물로 줬어요."

십자가 목걸이였습니다.

"루리는 좋겠네?"

"이거요, 브라이언 형이 항상 걸고 다녔던 거래요."

"그래? 아주 특별한 선물을 받았구나. 너도 형한테 선물해야겠다."

"제가 만든 나무 조각 인형 줬어요."

"잘했다. 서로 아끼는 물건을 주고받았으니 의형제를 맺은 거나 마찬가지야."

"의형제가 뭐예요?"

"친형제는 아니지만 형제처럼 가깝게 지내자고 약속하는 사이를 말해."

"그럼 의형제 더 만들래요."

"그러렴. 이곳에 온 형들이랑 모두."

두 주 동안의 촬영이 드디어 끝났습니다. 출국 전날, 그동안 고생한 청년들에게 뭔가 해주고 싶었습니다. 떡국을 끓여 주기로 했습니다.

"한국 고유 음식인 떡국이에요."

"떡국?"

브라이언이 김이 모락모락 나는 떡국을 보며 따라합니다.

"새해가 시작될 때 먹는 음식이에요. 우리나라에서는 떡국을 먹어야 나이를 한 살 더 먹을 수 있다고 얘기해요."

"감사합니다."

음식이 입에 맞지 않았을 텐데도 모두들 맛있게 잘 먹어 주었습니다.

마지막으로 베이비박스를 찍기 위해 밖으로 나갔습니다. 마이크를 담고 인터뷰 준비를 하는데 베이비박스 문이 덜컹 열렸습니다. 모두들 놀라 베이비박스를 응시했습니다.

주은이였습니다. 몸집이 작은 주은이가 어느 틈엔가 그 안에 들어가 있었던 겁니다. 우리 모두를 놀라게 해놓고서 혼자 웃고 있었습니다.

"주여."

스태프들도, 저도 가슴을 쓸어내렸습니다.

"베이비박스의 문을 열 때 어떤 기분일지 알 것 같습니다."

브라이언 감독이 고개를 끄덕였습니다.

모든 일정을 마치고 스태프들이 돌아가는 날. 아이들이 서운한지 청년들을 붙들고 놓아 주지 않았습니다. 루리는 브라이언 형 품에 안겨 한참 동안 작별인사를 나누었습니다. 브라이언의 목에는 나무 조각 인형이 걸려 있었습니다.

"어떤 이유에서든 아기를 버리는 일이 생겨서는 안 된다는 것을 영화로 만들어 알리고 싶습니다." _브라이언

감사합니다. 덕분에 행복합니다

현관에 못 보던 신발이 가득합니다. 가득하다 못해 현관 밖 계단에까지 굴러다닙니다. 이런 날은 하루 종일 공동체가 떠들썩합니다. 아이들은 아이들대로 들떠서 뛰어다닙니다. 봉사자들 덕분이죠. 지친 엘리야를 돕기 위해 날마다 찾아온 새처럼, 봉사자들은 주사랑공동체를 숨쉬게 하고 새 힘을 더하는 활력소입니다.

시끌벅적한 소리가 계단 사이를 오갑니다. 조금 전 봉사자들이 아이들을 씻기기 시작했나 봅니다.

"시원하지?"

이제 막 목욕을 끝낸 은수가 수건 위에 누워 있습니다. 봉사자가 몸 구석구석 물기를 닦고 나서 로션을 발라 줍니다. 손가락으로 머리를 빗어 정돈해 줍니다.

"이제 옷 입어야지?"

서툴지만 따뜻한 손길로 기저귀를 채운 다음, 가지런히 개켜 있는 노란색 옷을 집어듭니다.

"이 손이 어디로 갈까요? 짠짜잔~"

소매 양쪽에 팔을 넣으며 숨바꼭질 놀이까지 합니다.
은수가 까르르 웃더니 어느새 노란 꽃이 되었습니다.

"목사님, 아기가 참 예뻐요."
"우리 은수 눈이 참 크지요?"

지친 엘리야를 돕기 위해
날마다 찾아온 새처럼,
봉사자들은 주사랑공동체를
숨쉬게 하고 새 힘을 더하는
활력소입니다.

"네. 완전 얼짱 아기예요."

"그런데 사실 은수는 다운증후군 아이예요."

"네? 전혀 그렇게 안 보이는데요?"

"다운증후군 때문에 공동체로 오게 됐어요."

"그랬구나."

봉사자의 목소리가 갑자기 저음이 되었습니다.

"그래도 봉사자들의 사랑 덕분에 이렇게 예쁘고 건강하게 자라고 있어요."

"목사님, 사실 저는 처음 여기 와서 놀랐어요."

"그러셨어요?"

"장애를 가진 아이를 가까이서 본 게 처음이었거든요."

"그 기분 알아요. 제 아들 은만이가 얼굴에 큰 혹을 달고 태어났을 때 저도 놀랐어요."

"친구 따라오긴 왔는데 아이들에게 다가가는 게 조심스럽고 겁도 났어요."

"처음엔 그럴 수 있어요."

"다른 사람은 아무렇지도 않게 아이들을 씻기고 먹이는데 전 못 하겠더라구요."

"힘드셨겠네요."

"네. 그래서 처음엔 장애가 없는 아이들만 쳐다봤어요."

"지금도 그래요?"

"아니요."

봉사자가 정색을 하며 손사래를 칩니다.

"처음 눈에 들어온 아기가 은수였는데, 알고 보니 은수도 다운증후군 아이였네요. 편견을 갖고 있었던 제 자신이 부끄러워요."

"그래도 대단하신 거예요. 그런 부담을 안고서도 계속 봉사하러 오셨잖아요."

"그러게요. 참 희한한 일이지요. 계속 할 수 있을까 갈등하다가도 봉사 날짜가 되면 어김없이 발길이 옮겨지더라구요."

"감사한 일이네요. 덕분에 우리 아이들이 한 번이라도 더 웃게 되었잖아요."

"맞아요, 아이들이요. 아이들 웃는 얼굴이 계속 눈앞에서 아른거렸어요. 저는 제가 아이들에게 도움을 준다고 생각했어요. 그런데 가만히 생각해 보니 오히려 얻고 가는 게 더 많더라구요."

봉사자는 그렇게 말하고는 금세 빨랫감을 챙겨 세탁기 쪽으로 갑니다. 목욕 봉사팀들은 대부분 아이들의 식사와 빨래까지 자연스럽게 해결해 주곤 합니다.

공동체에는 젖먹이 아기부터 고등학생까지 열아홉 명의 아이가 있습니다. 대부분 장애가 있습니다. 대화가 가능하고 스스로 행동할 수 있는 아이는 다섯 명뿐입니다.

아이들을 씻기고 먹이는 일은 늘 힘겨운 숙제입니다. 저와 아내는 2층에서 젖먹이 아기를 담당합니다. 부부 사역자인 강도사님과 전도사님, 그리고 권사님 한 분이 1층에서 아이들을 돌봅니다. 강도사님 가족이 공동체 지하로 이사 오면서부터는 일하기가 많이 편해졌습니다. 강도사님의 딸들도 학교에 다녀오면 1, 2층을 오가며 굳이 시키지 않아도 자연스레 도움을 주고 있습니다. 그래도 일손은 늘 부족합니다. 봉사자들이 아니면 주사랑공동체가 제대로 굴러가지 않을 겁니다.

은만이 목욕은 어릴 적부터 제 담당이었습니다. 24시간 누워 있는 아이라 특별히 신경을 쓰지 않으면 욕창이 생기곤 합니다. 아기처럼 누워만 있어도 몸집이 커서 목욕시키기가 여간 힘든 게 아닙니다.

그러다가 몇 년 전부터는 은만이 목욕을 담당해 주시는 분들이 생겼습니다. 일주일에 한 번 장정들이 와서 은만이를 씻기고 덤으로 마사지까지 해주십니다. 덕분에 은만이도, 저도 정말 좋습니다.

공동체 사역을 본격적으로 시작하던 어느 날이었습니다.

대문을 두드리는 소리에 나가 보니 넉넉한 몸집의 여자 분이 서 있었습니다. 처음 보는 얼굴이었습니다.

"어떻게 여길 알고 오셨어요?"

"무작정 찾아왔어요. 뭐라도 돕고 싶어서."

돕고 싶다는 말이 유난히 크게 들렸습니다. 아내와 저는 손이 열 개라도 모자랄 만큼 정신없이 지내던 때였습니다. 도우미를 구할 처지도 아니었고요.

집에 들어와 앉은 여자 분이 주위를 찬찬히 둘러보다가 말을 꺼냈습니다.

"버려진 아이들을 여기서 돌보고 계신다는 얘기를 들었어요."

"버려졌다기보다는 하나님이 저희에게 보내신 아이들이죠."

"사연을 듣다가 어떤 분들일까 궁금했어요."

"보다시피 남들처럼 평범한 사람입니다."

"제가 시간 나는 대로 와서 도울게요."

"귀한 시간을 일부러 내주신다니 감사합니다."

처음엔 그저 호기심에 한번 방문했거니 했습니다. 하지만 며칠 후 약속대로 그분이 찾아오셨습니다. 그것도 다른 사람들과 함께. 자신들을 '주막팀' 이라고 소개했습니다. 막걸리가 떠오르려는데 이름의 뜻을 얘기해 주더군요. '주저 없이 막힘 없이 봉사하는 사람들' 이라고요. 누가 먼저랄 것도 없이 아이들 목욕부터 시켰습니다. 손발이 척척 맞았습니다. 그렇게 시작된 봉사는 지금도 이어지고 있습니다. 10년이 넘도록 그분은 한결같이 공동체 문턱을 넘어 우리에게 오십니다.

때로는 혼자서도 우리 집 문을 두드리십니다. 양손에는 늘 과일을 담은 비닐봉지나 쇼핑백을 들고 옵니다.

"참외가 아주 싸고 달아서 몇 개 가져왔어요."

"우리 애 양말 사는 김에 몇 개 더 샀어요."

"땀띠 나고 가려울 때 알로에가 좋대요."

"지난 번에 보니까 간장이 거의 떨어졌던데."

"열무김치 담갔는데 맛 좀 보실래요?"

막내로 자란 아내는 친동생을 만난 듯 반가워합니다. 둘이 앉아 아이들 얘기, 살아가는 얘기를 하다 보면 손잡고 훌쩍거리기도 합니다. 봉사자로 시작된 만남이 특별한 인연으로 바뀐 것이죠. 우리는 그분을 '빅마마' 라고 부릅니다.

어느새 세 아이의 엄마가 된 빅마마 봉사자. 세 아이 키우며 살림

하는 것도 빠듯하고 바쁠 텐데 공동체 아이들에게 맛난 음식을 해 주려고 부지런히 달려옵니다. 아이들도 '이모'라고 부르며 따릅니다. 저도 남들처럼 처제가 생겨서 좋습니다.

공동체에는 매달 정기적으로 오는 봉사팀이 스물다섯 팀 정도 됩니다. 개인이나 가족 단위로 오시는 분들까지 포함하면 더 많습니다. 재정과 물품을 후원해 주시는 분들까지 합하면 수백 명에 이릅니다.

이 분들의 손길이 있기에 주사랑공동체가 힘을 잃지 않습니다. 지칠 만하면 다시 기운을 얻고 위로를 받습니다. 작아도 모이면 큰 힘이 되는 것이 이 분들의 손입니다. 아이들을 씻기는 손, 맛있는 음식을 해주는 손, 머리 손질을 해주는 손, 빨래 해주는 손, 구석구석 청소해 주는 손, 바깥 나들이 데려가는 손, 건강 검진해 주는 손, 가진 것을 나누는 손…

이 분들이 아낌없이 내주는 사랑의 손길 덕분에 아이들은 튼튼한 나무로 자라갈 수 있습니다. 눈물 자국은 지워지고 상처는 아물어 갑니다. 행복의 나이테를 만들어 주시는 봉사자들에게 이 말을 꼭 전하고 싶습니다.

"감사합니다. 덕분에 행복합니다."

공동체 꽃단장 하던 날

한 무리의 젊은이들이 공동체를 찾아왔습니다. 높은뜻푸른교회의 청년들입니다. 매주 와서 아이들과 놀아 주고 공동체의 이곳저곳을 손봐 주는 '요새 보기 드문' 청년들이지요. 두 달에 한 번씩 아이들을 데리고 바깥나들이도 나간답니다. 그런데 오늘은 좀 더 특별한 목적을 가지고 왔습니다. 회색빛 건물 곳곳을 밝고 예쁘게 칠해 주기 위해 온 것입니다.

사실 베이비박스가 있는 골목길은 햇볕이 잠깐 들고 마는 곳이고, 베이비박스 자체도 안전상의 이유로 스테인리스로 만들어 어찌 보면 좀 삭막해 보입니다. 이곳에서 아기가 마지막으로 엄마의 품에서 떨어진다고 생각하니 더 쓸쓸해 보이는지도 모르겠습니다.

그런데 청년들의 손길이 지나간 자리에 색들이 채워지면서 삭막하던 베이비박스 주변이 밝아지기 시작했습니다. 벽에 그림을 그리고 색을 칠하는 것만으로도 건물 주변의 분위기가 180도 달라졌습니다.

시끌벅적한 청년들이 가져온 해피바이러스가 공동체 곳곳에 퍼지는 기분이랄까요? 3월이라지만 유난히 쌀쌀한 날씨에도 청년들은 아랑곳하지 않고 차가운 벽에 달라붙어 꼼꼼히 그림을 그리고 몇 겹으로 색을 입히며 온기를 불어넣었습니다.

세상이 아무리 춥고 삭막해도 마음속에 희망의 작은 불씨를 지피는 데 힘이 된다면, 작고 여려도 보석보다 귀한 아이들의 얼굴에 미소가 사라지지 않게 할 수 있다면, 부모의 손에서 떠날 수밖에 없었지만 하나님의 품 안에서 따뜻하게 지내게 할 수 있다면, 훗날 아이들이 컸을 때 하나님이 자신을 사랑하고 계심을 알게 할 수만 있다면 이런 고생쯤은 아무것도 아니에요.

이렇게 고백하는 한 자매의 모습이 그렇게 귀할 수 없습니다.

하루종일 일하다 보면 지칠 법도 한데 청년들은 내내 밝은 얼굴이었습니다. 우리 공동체에 봉사하러 오시는 분들이 다 그렇습니다. 무언가 도움을 주고 싶어 왔다가 갈 때면 기쁨과 감사를 한아름씩 안고 돌아갑니다. 내 것을 주었을 때의 기쁨은 하늘에서 오는 것이라고 하지 않습니까?

사랑은 나눌수록 더 커지고 깊어지는 것 같습니다.

봉사자들이 아낌없이 내주는 사랑의
손길 덕분에 아이들은 튼튼한 나무로
자라갈 수 있습니다. 눈물 자국은
지워지고 상처는 아물어 갑니다.

공동체에는 매달 정기적으로 오는 봉사팀이 스물다섯 팀 정도 됩니다. 개인이나 가족 단위로 오시는 분들까지 포함하면 더 많습니다. 재정과 물품으로 후원해 주시는 분들까지 합하면 수백 명에 이릅니다.

가지 많은 나무가 더 푸르다

서울시 관악구 난곡동 646-151번지. 이곳에 우리 아이들과 제가 함께 사는 주사랑공동체가 있습니다.

겉보기엔 평범한 2층집. 우리에겐 평범한 일상이지만 많은 어떤 이들에게는 낯선 그림이 날마다 펼쳐지고 있습니다.

아래층 침대에는 갓난아기들 여럿이 나란히 누워 있습니다. 병원의 신생아실 같죠. 운동성이 좋아 바지런히 꼼지락거리는 아이가 있는가 하면, 자꾸 안아 달라고 보채며 우는 아이도 있습니다.

2층은 하루 종일 누워 있는 은만이와 희망이 차지입니다. 집주인처럼 안방을 차지하고서 귀로는 TV에 나오는 외국 방송 아나운서의 뉴스 멘트를 듣고 눈으로는 문 밖에서 오가는 사람들의 분주한 움직임을 살핍니다. 뭐 하냐고요?

사실은 아무것도 하지 않습니다. 희망사항입니다. 두 아이는 혼자만의 세상에서 귀와 눈을 닫은 채 살아가고 있습니다. 귀로 누군가의 목소리를 듣고 눈으로 누군가의 움직임을 볼 수 있다면, 그래서 제가 그 아이들의 아빠인 것을 알아 준다면 그것처럼 기쁜 일이 없겠습니다. 하지만 그렇지 못한다고 해도 제게는 소중한 아들들입니다.

주방은 미로처럼 복잡합니다. 느낌이 그렇다는 겁니다. 세 평도 안 되는 좁은 공간에서 많은 일을 해야 하기 때문이지요. 제일 먼저 눈에 띄는 건 아이들 우유병입니다. 젖먹이 아기만 여덟 명. 그 아이들을 위한 1분 대기조입니다.

아이들의 배꼽시계는 정확합니다. 때가 되면 누가 먼저랄 것도 없이 젖 달라고 울기 시작합니다. 지체 없이 우유를 들고 달려갑니다. 그런 아이들 우유 먹이는 데만 반나절이 걸립니다.

서랍장에는 예쁜 그릇이나 책 대신
기저귀가 자리를 차지하고 있습니다.
아이들이 하루에 기저귀 몇 개를 쓰는지
직접 세어 보지 않아서 모르겠습니다.

서랍장에는 예쁜 그릇이나 책 대신 기저귀가 자리를 차지하고 있습니다. 아이들이 하루에 기저귀 몇 개를 쓰는지 직접 세어 보지 않아서 모르겠습니다. 갓난아기들의 기저귀를 갈다 보면 말 그대로 기저귀가 '셀 수 없이' 많이 있어야 합니다.

그러니 서랍장도 모자라 여기저기 손 닿는 곳마다 기저귀를 쌓아 둡니다. 종류도 크기도 가지가지입니다. 큰 아이들도 가끔은 기저귀가 필요할 때가 있습니다. 누가 큰 기저귀를 쓰는지는 말씀 못 드리겠습니다. 본인들도 부끄러워하고 있으니까요.

선반 위에는 알록달록한 아이들 옷이 곱게 포개져 있습니다. 속옷과 겉옷, 상의와 하의, 여름옷과 겨울옷, 이런 걸 구분하며 살려니 손발도 고생이 이만저만이 아닙니다. 아내와 전도사님만 구분할 줄 압니다. 저는 어느 옷이 누구 옷인지 구별하는 건 일찌감치 포기했습니다. 흰 건 속옷일 테고, 짙은 색상의 옷은 겉옷일 테고, 얇은 옷은 여름옷, 두터운 옷은 겨울옷, 그 정도로만 구분하고 삽니다.

이른 아침부터 일상은 요란스럽게 시작됩니다.

"응애에 응애에."

아이들이 밥부터 달라고 야단입니다. 진작 일어난 아내는 주방에서 분주합니다. 곧이어 우당탕탕 마루가 울리도록 누군가 뛰어다닙니다. 믿음이와 평강이가 일어났나 봅니다. 개구쟁이 아이들은 발소리로 아침 인사를 합니다.

큰 아이들이 어린이집과 학교로 떠난 오전에는 잠시 숨을 돌릴 수 있습니다.

아참, 은만이를 봐줄 시간이네요. 목에 난 구멍으로 가래를 빼줘야 합니다. 어릴 적엔 30분에서 한 시간 간격으로 그 일을 해야 했는데 지금은 가끔씩만 해줘도 됩니다. 콧줄을 통해 아침 식사를 마친 희망이는 옆에서 잠이 들었나 봅니다. 두 아들과 함께 지내다 보니 말은 안 해도, 표정이 없어도 뭐가 필요한지 금방 알 수 있습니다. 이런 걸 텔레파시라고 하나요, 이심전심이라고 하나요?

1층에서는 상희가 열심히 운동을 하고 있습니다. 얼마 전 미군부대의 후원자들이 선물로 보내 준 물리치료기에 올라간 지 한참이나 되었습니다.

"우리 상희 운동하는구나. 재미있니?"
"히잉, 힘들어요."
"그래? 그럼 아빠가 한번 해볼까?"
"싫어요. 내 거예요."

주사랑공동체 사역의 씨앗이 되었던 아이. 의사도 회복될 가능성이 없다며 포기했던 아이가 이젠 스스로 앉고 운동을 합니다. 간단하게 의사 표현을 할 줄도 압니다. 저에게 손녀를 맡기고 먼저 가신 할머니가 이 모습을 본다면 얼마나 기뻐하실까요?

"학교 다녀왔습니다."

학교에서 돌아온 사랑이가 우당탕 소리를 내며 들어옵니다.

"이상하다? 아침까지는 한 명이었는데?"
"사랑이가 학교 간 사이에 동생이 또 생겼어."
"진짜 예쁘게 생겼다."

사랑이는 아기를 좋아합니다. 이번에도 자기가 아이를 한번 업어보겠다고 고집을 부리겠죠.

"으앙~"

은총이가 낮잠에서 깬 모양입니다.

"우리 은총이 잘 잤어?"

어느새 사랑이가 은총이를 안고 눈을 맞추고 있습니다.

계단을 뛰어오르는 소리가 요란합니다. 믿음이와 평강이가 어린이집에서 돌아온 모양입니다. 개구쟁이 두 아들들은 투닥거리면서도 늘 붙어 다닙니다. 오늘은 아무 일 없었겠지? 개구쟁이들이 왔으니 아기들 낮잠 시간도 곧 끝날 것 같습니다.

휠체어에 앉아 있는 나단이 얼굴이 핼쓱합니다. 요 며칠 감기로 고생하느라 학교도 못 갔습니다. 유난히 침을 많이 흘리는 나단이. 나단이의 턱받이 수건이 축축합니다. 얼른 뽀송뽀송한 것으로 바꿔 주었습니다.

"압바(아빠)!"

나단이가 유일하게 할 수 있는 말입니다. 앞이 안 보이지만 저를 감지하는 센서가 있는 것 같습니다.

"나단아."

이름을 불러 주면 활짝 웃습니다. 나단이의 미소는 해맑습니다.

설이가 침대 맡에 앉아 있습니다. 낯선 사람들이 와도 시선은 늘 하늘을 향하고 있습니다. 아무 표정 없는 얼굴은 언제 어디서나 한결같습니다. 그래서 별병도 '외계인' 입니다.

온유와 진리는 침대에서 데굴데굴 구르며 놀고 있습니다. 구석까지 굴러간 온유가 아예 자리를 잡았습니다. 온유는 몸도 자그마한데 늘 구석에 있어서 안 보일 때가 많습니다.

잘 놀던 은혜가 갑자기 자기 얼굴을 때리며 울고 있습니다. 금세 얼굴도 빨개지고 눈도 빨개졌습니다.

"은혜야!"

달려가 은혜의 손을 잡고 얼른 안아 줍니다. 하지만 울음을 그치지 않습니다.

"예수님이 말씀하시니 물이 변하여 포도주 됐네."

노래를 불러 줍니다. 은혜가 울음을 그치고 저를 쳐다봅니다. 동그란 눈에 눈물이 가득합니다.

"예수님 예수님 나에게도 말씀하셔서~"

은혜가 또 다시 손을 얼굴 앞으로 가져갑니다.

"새롭게 새롭게 변화시켜 주세요."

볼을 때리던 두 손이 마주치며 박수로 변합니다. 노래를 제일 좋아하는 은혜. 슬프거나 기분 상하는 일이 있을 때마다 자기 몸을 상하게 합니다. 턱 밑 상처는 아직 아물지 않았네요. 주님의 은혜가 누구보다 필요한 아이입니다.

태권도장에서 루리와 주은이가 올 시간이 됐는데 아직이네요. 도장에서 간식 파티라도 있는 걸까요? 자신감을 가지라고 처음으로 루리를 태권도장에 보내기 시작했습니다. 루리의 모습을 보고 주은이도 따라가겠다고 졸랐습니다. 얼마 전부터는 사랑이와 믿음이도 함께 다닙니다.

집에 돌아온 루리가 도복을 벗으면서 슬쩍 제 흰 머리카락을 봅니다.

"왜?"

"사람들이 우리 아빠를 할아버지라고 해요."

"우디(우리) 아빠 하다부지(할아버지) 아냐!"

주은이도 비장한 얼굴로 한 마디 거듭니다.

지난 번 학부모 참관을 갔을 때 머리 허연 저를 보고 아이들이 놀린 모양입니다. 저야 불편할 게 없지만 아이들에게는 별 것 아닌 것이 아닌 모양이었습니다.

아이들이 학교 가고 없는 오전에 전날 사온 염색약을 아내에게 내밀었습니다.

"염색을 하겠다고요?"

"응."

"진짜 해줘요?"

"그렇다니까. 아이들 학교에서 오기 전에 얼른 해줘요."

"자식이 무섭긴 무섭네요."

집에 돌아온 아이들이 한 마디씩 합니다.

"어? 아빠가 달라졌다."

"그래. 아빠 염색했어."

"진짜네? 머리가 까만색이다."

"이제 아빠 젊어 보이지?"

아이들의 칭찬을 기대하며 물었습니다.

"으응…"

반응이 시큰둥했습니다.

"저번보다 젊어 보이기는 하는데… 우리 아빠 같지가 않아요."

얼른 일어나 거울을 보았습니다. 저도 제가 어색했습니다.

그나마 어른들의 반응은 괜찮은 편이었습니다. 하지만 염색은 평생 한 번으로 끝내기로 했습니다. 그래도 후회하지는 않습니다. 그것조차도 아이들을 위해 제가 할 수 있는 일 중 하나였으니까요.

장애를 갖고 태어나서 부모로부터 외면당해야 했던 아이들. 이 아이들의 아픔을 알기에 저는 웬만하면 아이들이 원하는 걸 해주고 싶습니다. 갓난아기 때부터 손수 먹이고 재우고 입혀 온 아이들이기에 지금은 모두가 깨물면 아픈 저의 손가락이 되었습니다.

"가지 많은 나무에 바람 잘 날 없다"는 말이 있죠. 자식이 많으면 크고 작은 일들이 계속 일어날 수밖에 없습니다. 아이들이 아프면 밤잠을 설쳐야 합니다. 시도 때도 없이 응급실로 달려가야 합니다.

그렇지만 그런 가지 많은 나무에 잎이 돋아나면 다른 나무보다 푸르른 법입니다. 당장은 아니겠지만, 언젠가는 풍성한 가지와 잎으로 넉넉한 그늘이 드리워질 겁니다. 여름날 누군가 지친 걸음을 쉬어 갈 수 있을 만큼. 당장은 너무 여리고 가늘어 쓸모없게 보일 테지만 저는 그래도 손을 놓지 않을 겁니다.

그 여린 가지에서 싹이 나고 잎이 무성해져서 꽃을 피우고 열매를 맺을 때까지 물도 주고 거름도 주고 울타리도 쳐주고 싶습니다.

주사랑공동체라는 나무가 푸르게 될 그날까지.

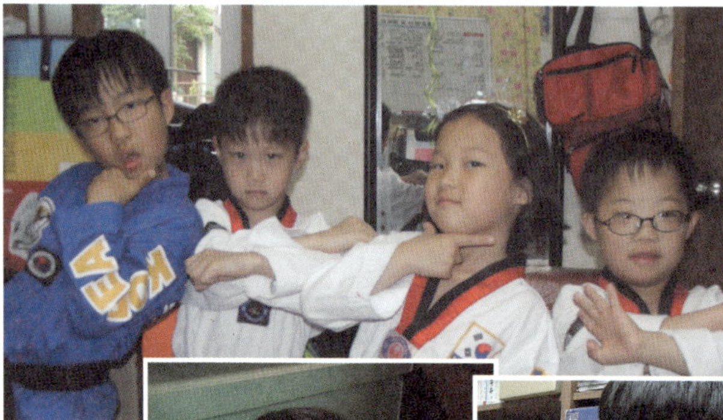

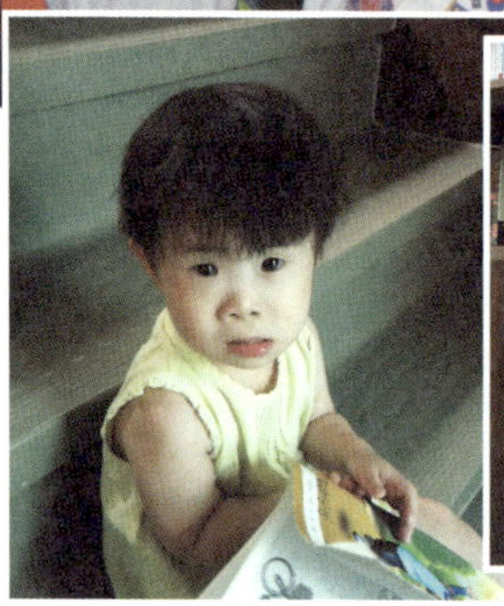

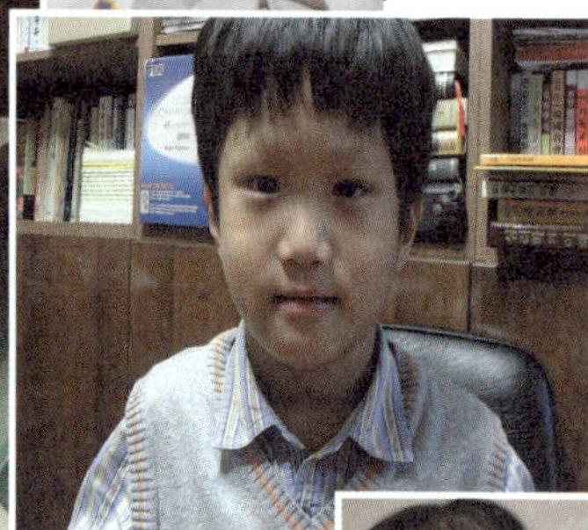

장애를 갖고 태어나서 부모로부터 외면당해야 했던 아이들.
이 아이들의 아픔을 알기에 저는 웬만하면 아이들이 원하는
걸 해주고 싶습니다.

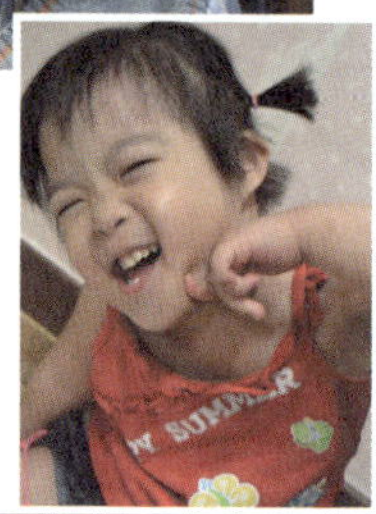

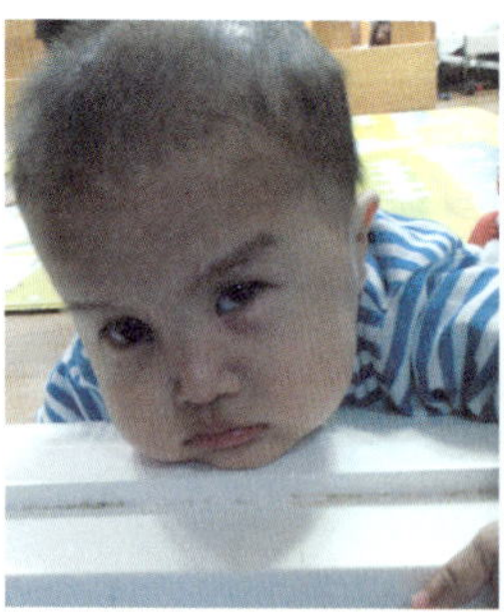

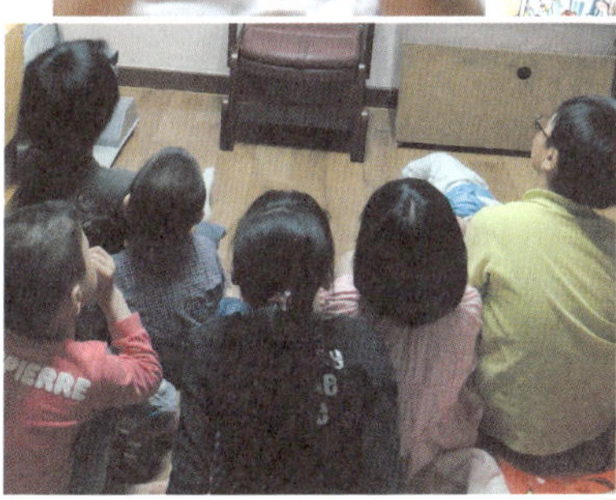

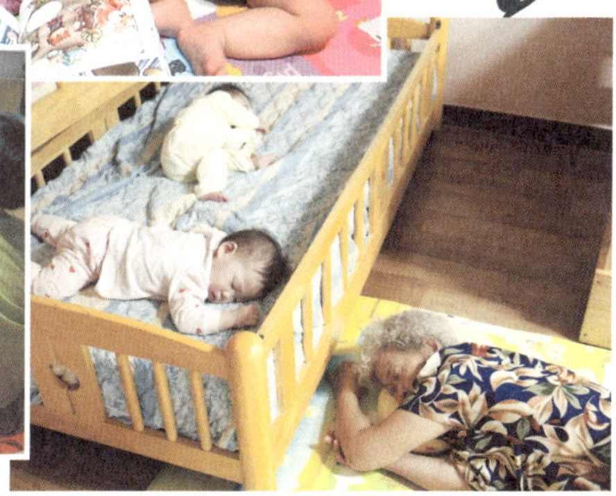

"가지 많은 나무에 바람 잘 날 없다"는 말이 있죠. 자식이 많으면 크고 작은 일들이 계속 일어날 수밖에 없습니다. 그렇지만 그런 가지 많은 나무에 잎이 돋아나면 다른 나무보다 푸르른 법입니다.

그림 같은 집을 짓고 싶습니다

어릴 적부터 저의 꿈은 가수가 되는 것이었습니다. 동네에서 노래자랑대회라도 열리면 저의 독무대가 펼쳐졌습니다.

> 저 푸른 초원 위에 그림 같은 집을 짓고
> 사랑하는 우리 님과 한 백 년 살고 싶어.

가수가 되겠다며 젊은 시절 불렀던 유행가의 한 소절입니다.

지금은 가수가 아닌 목사가 되었지만, 그림 같은 집을 짓고 싶은 꿈은 여전합니다.

주사랑공동체의 집은 2층 건물을 수리해 사용하고 있습니다. 하지만 휠체어가 다니지 못합니다. 완만한 경사로 대신 좁고 가파른 계단이 앞을 막고 있습니다. 저도 오르내리기 힘든데 아이들이야 오죽하겠습니까? 학교나 어린이집에 가려면 혼자 걷지 못하는 아이들은 한 명씩 업혀서 이동을 할 수밖에 없습니다.

계단 대신 경사로나 엘리베이터가 있는 집.
휠체어나 침대가 자유롭게 드나들 수 있는 집.
시간 구애 받지 않고 재활치료를 할 수 있는 집.

장애가 문제가 되지 않는 무장애 생활관이야말로 제가 꿈꾸는 그림 같은 집입니다.

베이비박스가 세상에 알려진 후, 주사랑공동체는 '미인가 시설'이라며 외부의 압력을 받기 시작했습니다. 1급 장애 아이들을 위해 파견되었던 활동 보조가 어느 날 갑자기 끊겼습니다. 수급자 신청도 할 수 없게 되었습니다. 병원 치료를 위해서는 아이들이 수급자로 등록되어야 하는데 이 모든 것들이 우리 공동체가 '미인가 시설'이라는 명목 아래 불가능해졌습니다.

"장애를 가진 아이들이 생활하는 데 적합한 시설이 아닙니다. 여기서 아이들을 계속 데리고 있는 것은 불법이에요. 인가된 시설에 보내세요."

14년 동안 주사랑공동체 사역을 하면서 숱한 고비를 넘겨 왔습니다. 버려진 생명들을 어떻게든 살려 보겠다고 안간힘을 쓰면서 달려 왔습니다. 그런데 한순간에 이 모든 걸 접어야 한다면 그것은 제게 감당할 수 없는 일입니다.

아이들을 끝까지 안전하게 보호하고 책임질 수 있는 방법은 오직 하나, 무장애 생활관 건축입니다. 아이들이 불편 없이 이동할 수 있고 필요한 시설을 갖춘 새로운 공동체의 집이 필요합니다. 제가 가진 것은 없습니다. 아이들과 함께하고 싶다는 마음뿐입니다. 아무 능력 없는 저에게 하나님은 여러 가능성을 보여 주고 계십니다.

철 따라 1년에 네 번 발행하는 공동체 소식지에 생활관 건축에 대한 안내를 실었습니다. 관심 있는 봉사자들과 후원자들의 정성이 조금씩 모이고 있습니다. 작은 시냇물이 모여 개천을 이루고 강이 되어 바다를 이루듯, 작은 관심과 사랑이 언젠가는 큰 힘을 발휘할 거라고 믿습니다.

장애가 문제가 되지 않는 천국 같은 집.

아이들이 두 번 다시 버림받거나 상처받지 않고 행복하게 살 수 있는 집.

어딘가에 그런 그림 같은 집을 짓고 사랑하는 우리 아이들과 한평생을 살고 싶습니다.

그런 기대로 또 하루를 시작합니다.

우리 아이들 함께 키워 주세요!

주사랑공동체는 기독교 정신을 바탕으로 1999년 2월 10일 창립하여, 가정의 보호가 불가능하거나 병원에서 태어나 장애를 이유로 버림받은 아동들을 위탁받아 정부 지원 없이 후원자들의 도움으로 생활하는 장애인 공동체 가정입니다.

재정 후원

일상생활을 할 뿐 아니라 배우고 치료받아야 할 아이들에게 재정 후원은 가장 유용한 후원 형태입니다. 후원하시는 분은 소식지를 보내 드릴 수 있도록 주소와 성함을 꼭 알려 주세요.
후원 계좌 : 농협 170118-51-009901 (주사랑공동체교회)

자원 봉사

아이들 목욕과 식사 등 일상생활 지원, 차량 운행, 병원 동행, 공부 도움 등 다양한 봉사 영역이 있습니다. 미리 연락하여 약속한 후 오시면 더욱 좋습니다.

물품 후원

가전제품, 사무용품, 의료용품, 생활용품, 식료품 등의 지원을 받습니다.

간곡한 기도 부탁

:: 아이들의 정서가 안정되고 건강하도록
:: 무장애 생활관 건축이 하루 빨리 이루어지도록
:: 베이비박스가 선하게 쓰임받을 수 있도록
:: 〈더 드롭박스〉 다큐영화를 통해 하나님의 영광이 드러나도록

http://cafe.daum.net/giveoutlove에서
주사랑공동체의 일상을 만나 보실 수 있습니다.

원주 · 김경덕 · 김경수 · 김기자 · 김남희 · 김명진 · 김미란 · 김미성 · 김미현 · 김미화 · 김민선 · 김민영 · 김상진 · 김서연 · 김성중 · 김성진 · 김소은 · 김소흠 · 김수진 · 김승권 · 김승훈 · 김신정 · 김애향 · 김양현 · 김영봉 · 김영진 · 김완식 · 김용수 · 김유정 · 김윤지 · 김은민 · 김은애 · 김은지 · 김장렬 · 김정원 · 김정희 · 김종석 · 김준기 · 김준일 · 김준형 · 김지영 · 김지우 · 김지혜 · 김지호 · 김진샘 · 김창기 · 김창욱 · 김태형 · 김한나 · 김한주 · 김현수 · 김현진 · 김현태 · 김현희 · 김혜정 · 김호식 · 김화섭 · 김효진 · 김희은 · **나인철** · 남궁지은 · 남승우 · 노예림 · 로마철강(주) · 류영란 · **문성현** · 문승환 · 문정은 · 문지영 · 문창식 · 민현주 · 박경희 · 박귀환 · 박남선 · 박맹환 · 박문수 · 박민지 · 박선희 · 박성배 · 박세희 · 박승만 · 박신주 · 박아람 · 박영진 · 박용성 · 박은미 · 박정자 · 박정훈 · 박준식 · 박준혜 · 박지혜 · 박진옥 · 박찬우 · 박창섭 · 박춘복 · 박춘자 · 박해수 · 박형우 · 반장민 · 배은지 · 배지한 · 백은경 · 변정한 · **서성훈** · 서은택 · 서현정 · 서현지 · 설복희 · 성주영 · 성희정 · 손도민 · 손무현 · 손정민 · 손창우 · 송광우 · 송규훈 · 송미희 · 신숙화 · 신종영 · 심혜원 · **안상길** · 안소연 · 안순희 · 안영은 · 안요한 · 안주희 · 안진태 · 안혜진 · 양진숙 · 엄예림 · 엄정현 · 엄태건 · 엄태현 · 여슬기 · 오다영 · 오미선 · 오성순 · 오정민 · 왕선숙 · 우연정 · 우희재 · 원하은 · 유단비 · 유선경 · 유수정 · 유장환 · 유정선 · 유정아 · 유지아 · 유현애 · 유혜민 · 유효영 · 유희정 · 유희진 · 윤서균 · 윤성순 · 윤예찬 · 윤지현 · 윤지혜 · 윤혜정 · 윤효중 · 이건승 · 이고은 · 이금희 · 이나래 · 이나영 · 이다솜 · 이대호 · 이루디아 · 이미란 · 이민희 · 이보람 이산니 · 이싱예 · 이상준 · 이서준 · 이선지 · 이선혜 · 이성은 · 이세희 · 이수이 · 이순희 · 이슬기 · 이아영 · 이영광 · 이예슬 · 이우송 · 이윤기 · 이은산 · 이은아 · 이은총 · 이장희 · 이정미 · 이정애 · 이주희 · 이지나 · 이지민 · 이지영 · 이지희 · 이진주 · 이진훈 · 이필희 · 이하준 · 이

해원 · 이헌진 · 이현숙 · 이현주 · 이혜리 · 이혜선 · 이환희 · 이희섭 · 임금숙 · 임정미 · 임지혜 · 임찬묵 · 임현수 · 임혜원 · 임환재 · **장성헌** · 장세우 · 장승현 · 장윤영 · 장재영 · 장진기 · 장해기 · 장훈비 · 전광식 · 전귀선 · 전병부 · 전서영 · 전수민 · 전영길 · 전유화 · 전은진 · 정경화 · 정대인 · 정명호 · 정민아 · 정민영 · 정서현 · 정신호 · 정원영 · 정은미 · 정종민 · 정지현 · 정화자 · 정효연 · 정희진 · 조경숙 · 조남석 · 조민애 · 조성문 · 조성영 · 조은영 · 조정민 · 조지은 · 조창래 · 조한나 · 조혜령 · 조환 · 주영광교회 · 지경애 · 지정숙 · 지혜진 · 진영래 · 진주현 · **차행록** · 채선희 · 채소희 · 채순병 · 재은희 · 천금주 · 최명윤 · 최병주 · 최병철 · 최성경 · 최수현 · 최숙희 · 최원석 · 최유희 · 최윤범 · 최윤희 · 최인실 · 최주은 · 최준호 · 표지영 · **하성웅** · 한승헌 · 한의령 · 한정민 · 현향란 · 홍예선 · 홍은경 · 홍은정 · 홍하은 · 황정혜 · 황종찬 · 황한나 · **강남중앙교회** · 과천교회 · 꿈꾸는교회 · 동산교회 · 바이엘코리

아 · 서울도시가스 · 아미방 · 약수동성결교회 · 영성교회 · 와이즈캠프닷컴 · 제자교회 · 조은앤젤스 · 천성교회 청년부 · 캐스트이즈 · 하늘품교회 · 한아름 · 희망나눔 · **곽선희** · 구승자 · 권영숙 · 권혁수 · 금주미 · 김명희 · 김미자 · 김산 · 김성문 · 김세진 · 김수정 · 김영준 · 김진만 · 김태호 · 김해진 · **나성준** · 나연숙 · 노경민 · 류채우 · 모연면 · 문인구 · 문혜선 · 민성숙 · **박금란** · 박미애 · 방정훈 · 서광열 · 서애현 · 성윤 · 송성식 · 신장철 · **안재영** · 오길용 · 오소연 · 원하은 · 유진 · 이건구 · 이미경 · 이승준 · 이영주 · 인낙현 · 인진경 · **전병부** · 정금순 · 장운기 · 조성민 · 주길모 · 최균섭 · 황영한 … **그외**

기도와 자원봉사 · 새성 · 눌품으로 많은 분들이 함께하고 있습니다.